「サブカル×国語」で読解力を育む

「サブカル×国語」で読解力を育む

町田守弘
Morihiro Machida

岩波書店

はじめに

それは、かつて中学・高等学校に勤務していたときのことであった。一九九〇年当時の中学一年生の国語の時間の話題である。授業を担当していた同僚の教師が、入学試験に合格して中学生になったばかりの学習者に、小学校のときの恩師に宛てて手紙を書くという課題を課した。実際に投函するわけではない。誰に公表するというわけでもない。だから自由に書きたいことを書くようにという条件で書かせたものである。身近な実生活に即した典型的な課題ということで、平板な謝辞が述べられた素朴な作文が想起された。ちなみに勤務校は、私立の男子校であった。

ところが、である。同僚から「手紙」の内容を聞いたとき、わたくしはあまりのインパクトにしばし愕然とさせられた。それが決して作り話ではないことを証明するかのように、同僚は実際にその「手紙」を見せてくれたのである。

「手紙」はたとえば、次のようなものであった。内容・表記とも、すべて原文のまま。ただし長さの関係から、前後を省略したものもある。

> 先生、おげんきですか。ぼくは今、先生のヒステリーをおこした声も聞かず、先生の口のく

さいにおいもかがなくて、とても元気です。ぼくは一年から六年までの担任の中で、あなたが一番いやでした。ちょっとしたことでとつぜんおこりだし、声が高くなり、ヒステリーをおこし、すぐ手を出す。あなたのような先生はこの世でほかにはいないでしょう。ぼくは、先生の往復ビンタの痛みを一生わすれません。先生はいまごろ、新しく受けもったクラスでヒステリーをおこしていることと思います。もう二度と会わないことを願います。さようなら。

この学習者にとって、小学校時代の恩師とは何だったのか。彼は恩師を、「あなた」というよそよそしく突き放した二人称でとらえている。その「あなた」は、嫌悪の対象以外の何者でもない。しかもその嫌悪感は、「口のくさいにおい」に象徴されるような、生理的なものとなっている。恩師は「ヒステリー」として軽蔑され、「もう二度と会わないことを願います」ということで、人間的なつながりが放棄されてしまっている。

こんな「手紙」もあった。

先生の印象といえば、言っちゃ悪いですけど、もう年寄りなのに化粧くさくて、とかく何かあると女子の肩ばっかり持って。少しおしゃべりしただけでひどくおこりやがって、「あんたそれでも教師か」と思いました。また忘れ物グラフにもうらみがあります。忘れ物をいちいち調べてグラフにしやがって、男子が忘れ物が多くなるのを知ってて、「男子は忘れ物が多い！」

としかり、名前も言ったりしていました。宿題少し忘れただけで、倍の量の宿題をだして、学校での悪評はすごかったです。しかし、その先生もていねん退職で辞めて、学校は大喜びだったことでしょう。

この「手紙」の場合、恩師は「あんた」というぞんざいな二人称に格下げされてしまった。また学習者の恩師に対する嫌悪感は、「おこりやがって」や「しやがって」という表現に端的に示されている。この嫌われ者の恩師が定年退職するのを、学習者は冷めた視線で見送るばかりか、「学校は大喜び」と歓迎までしている。

もう一通の「手紙」には、次のようなメッセージが寄せられていた。

拝啓、M先生、元気に余生を送っていますか。(もうすぐくたばる、という意味です。)ぼくは、あなたのおかげで(イヤミ)楽しい楽しい中学校生活を送っています。小学校時代あなたは、ぼくをひいきして、おこってくださって、大変うれしく思って(うれしく思うか、バカ!)います。調査書を書いて下さらないと言っていたのに書いて下さって大変感動しました。しかも中身を、とてもよく書いて(イヤミ)下さって、おかげでぼくは中学校に入学できたのです。(あやうくおちるところだったぞ。)これからも元気で(といってもそう長くはないでしょうが)がんばって下さい。

この学習者は、自分の感情をアイロニーを用いて仮構するというテクニックを持ち合わせている。またご丁寧にカッコを付して、その仮構の種明かしまでするという手の込んだ内容になっている。まだまだ紹介すればきりがない。驚くべきは、この種の嫌悪感に溢れた攻撃性の強い「手紙」が、全体の八割以上を占めていたことである。この恐るべき事実はいったい何を物語るのか。

小学校低学年のころから、進学塾通いを強いられた学習者たち。彼らは保護者ともども、すべての面で学校よりも塾を優先させてきた。夏のプール指導などには、塾の夏期講習があるという理由で全く参加しない。塾の勉強のために、学校の宿題は平気で忘れてゆく。時には塾のために学校を欠席もする。学校の先生よりも塾の先生を尊敬し、学校の先生はただ単に「内申書」の作成者にすぎない。そんな学習者が私立中学校に入学してくる。

「手紙」には、「入学した中学校には、小学校よりもやさしくよい先生がいます」ということばも見られた。しかしながら、高校三年生になった彼らが、再度全く同じような道を歩むかもしれないとは何と皮肉なことだろう。今度は大学への入学が、彼らの目標となる。そして、「やさしくよい先生」であったはずのわたくしたちも、いずれは「手紙」攻撃の対象と化すのであろうか。

「手紙」には小学校時代の恩師に対する感謝や畏敬の気持ちは微塵もない。生理的・感情的な反感もしくは嫌悪感が漲っている。わたくしは当時中学一年生担当の同僚の教員と同様に、「たいへんな時代になった」という実感を持たざるをえなかった。なぜなら、自分自身のものの見方・考え方との間に、あまりにも大きな隔たりがあることを痛感したからである。学習者の「現実」は確実に見えにくくなっている。それは単に「世代的なギャップ」ばかりではない。教師および保護者と学習者との本質的な「ズレ」に起因している。ここで話題にした「手紙」が書かれた当時、『朝日新聞』(一九九〇年八月一三日付・夕刊)には「今日、親も教師も子ども(若者を含めて)を、つかみきれないでいる。子ども観も若者観も崩壊してしまっているかのようだ」という灰谷健次郎の言説があった。それからはや二五年、学習者の実像はますます教師や保護者たちから遠のいてゆくようだ。

教育は一つに「文化の伝達」という側面を持つ。わたくしたちの持っている文化の「解釈」、すなわち既成の価値観を学習者に伝える場があってもよい。わたくしたちはよくこのように言う。いまどきの子どもたちには様々な問題がある。その問題に対応するために、価値ある教育を施す必要がある、と。すなわち、恩師に対してはやはり感謝と畏敬の気持ちを持ってほしい。そのような考え方を何とか育成したいと思う。しかし、果たしてそれだけでよいのだろうか、という一抹の不安が脳裏をよぎるのもまた事実である。

本書では、多くの子どもたちが関心を寄せるサブカルチャーに着目する。特に、マンガ、アニメーション、ゲームを中心に、「サブカルチャー」として括られるいくつかの素材を取り上げる。それらはともすると、学校という堅牢な制度からは排除され続けてきたものでもある。それらに改めてスポットを当てて、大人にとっては信じがたい「手紙」を書き続けている子どもたちの現実と、しっかりと向き合ってみたい。

目次

＊なお、本書の作成にあたっては、以下の初出論文をもとに、大幅に加筆・改訂をおこなった。

町田守弘編著『明日の授業をどう創るか——学習者の「いま、ここ」を見つめる国語教育』(三省堂、二〇一一年七月)↓1－1、2－1、2－2

町田守弘著『国語科の教材・授業開発論——魅力ある言語活動のイノベーション』(東洋館出版社、二〇〇九年八月)↓1－2、1－3、5－3、6－1

町田守弘著『国語教育の戦略』(東洋館出版社、二〇〇一年四月)↓2－2、3－3、4－2、5－1、

町田守弘著『授業を創る——【挑発】する国語教育』(三省堂、一九九五年二月)↓3－2、4－2、4－3、5－2

町田守弘著『国語科授業構想の展開』(三省堂、二〇〇三年一〇月)↓4－1、5－1

雑誌「解釈」(二〇一一年六月)↓2－3

『早稲田大学教育学部・学術研究——人文科学・社会科学編』(二〇一四年三月)↓3－1

雑誌「文学」(二〇一四年九月)↓6－2

第1章

新たな学びを立ち上げる

1―1　衝撃の手紙――「学び」からの逃走

1　ずれていく教室の内と外

「はじめに」で引用した中学一年生の「手紙」は、決して作り話ではない。まさしく教室で実際に起きた一つの出来事であった。それを目撃したわたくしは、学校の教室の「内」という場所が、そこから一歩出た「外」の世界と大きくずれているのではないか、という思いを強くした。

二一世紀を迎えて、時代とともに社会は急速に変容し、その社会を生きる人間も様々な形で変容を遂げつつある。子どもが育つ社会環境の実態を的確に把握し、常に時代の変化を敏感に察知することは、教育の重要な課題である。

教育の理想を捉える言説として、「生きる力」や「確かな学力」「豊かな人間性」などがキャッチフレーズのように繰り返し取り上げられてきた。一方で、発達障害の問題を初め、いじめ、不登校、引きこもり、中途退学、その他学級がうまく機能しない状況等々、教育の現場には多くの問題が根強く存在し続ける。このような授業以前とも言える問題への対応に日々悩まされる教師にとって、授業内容の充実は苛酷な課題にほかならない。教育制度が改革されても、それが現場の教育問題に有効に機能するのかどうかという疑問が残る。制度としての教育改革は、教室の内と外との大きなずれを解消するには至っていない。

このずれを埋めるために、教師にできることは何だろうか。それはまず、担当する授業をいかに充実させるかという日常の課題と無縁ではない。現場の教師は、常に毎日の授業をどのように組立てるのかという現実的な対応に追われている。それどころか、授業以前の問題として、生活指導のための対応に苦慮してもいる。子どもたちの抱える問題は、教師個人の力量では手に負えない解決困難な状況へと追い込まれている。カウンセラーのような専門家を常駐させている現場も多い。加えて、学校には膨大な量の業務が山積して、教師がじっくりと教材研究に打ち込む時間的な余裕はない。授業内容の充実こそが最も重要な課題であると理解しつつも、現実的には達成困難な状況がある。学校業務のシステム化を図るために導入されたIT関連機器も、決して業務削減に有効な手段とはなり得ていない。それどころか、教員室に設置された多くのコンピュータは、教師と学習者との対話の場面を奪ってしまってさえいる。学習者と直接顔を合わせて対話するよりも、コンピュータのディスプレーをひたすら眺め続ける教師は確実に増えている。

ここで教室の学習者の現実に目を向けてみると、授業妨害には至らないまでも、授業中の私語や居眠り、当該の授業以外の科目の学習は恒常的に行われてさえいる。教師に隠れて密かにマンガやゲームを楽しむ学習者もいて、生活指導面での対応が求められる。さらに、授業中に何のためらいもなく飲食をする者、不用意にスマートフォンの着信音を鳴らす者、友人とのラインのやりとりに熱中する者なども散見される。特に中学生・高校生のモラルの低下は、学校を離れた公共の場所でも問題になっているが、授業中の彼らの状況を見ると、授業以前の問題があまりにも多いことに気づかされる。

2　国語の授業の問題――「学び」からの逃走をからめて

ところで真に問題にするべきは、授業以前の問題が山積するような現場だけではない。一見何の問題もなく授業が成立しているように見える教室こそ、より厳格に検証する必要がある。国語科の授業においては、たとえば次のような光景を想起することができる。

ある教材を数名の学習者に指名読みさせる。その後で再び教師が少しずつ区切って読む。読んで、その文章の内容に関していくつかの説明を加える。説明しながら教師が重要事項を板書すると、学習者はその内容をそのままノートに写す。教室はきわめて静粛で、居眠りをしている学習者のほかは全員が授業に参加しているように見える。このような授業を展開した場合、板書事項がそのまま定期試験の問題として出題されることが多い。学習者は教師の説明を聞き、板書事項をひたすらノートに写し、定期試験に出題されるからという理由で、チェックペンやチェックシートを駆使しながらその内容をそのまま暗記する。授業内容に対する主体的な興味からではない。上級の学校への進学というきわめて実利的な目的意識のために、彼らは機械的にノートを暗記する。授業中に居眠りをしていた学習者は友人からノートを借りてコピーを取り、同じくその内容を暗記する。すなわち「読んで、説明して、分からせて、暗記させる」という授業形態が、国語科の授業の現実としてごく一般的なものになってしまっている。そこに、本当に授業は成立しているのだろうか。教師は単に授業の幻想を、授業の真実だと思い込んでいるだけではないのか。そんなところにも、教室の内と外とのずれが感じられる。

一クラス三〇人から四〇人もの学習者全員に同じレベルの学習を展開するという授業の形態は、子どもたちの現実に対応できるものではない。もちろん学校でもこの問題に無関心でいられるはずはなく、様々な方法で新しい試みが取り入れられつつある。グループ学習やティームティーチングの導入、教育機器の活用などは、その具体的な方策である。ただし国語科の授業において、一斉授業という伝統的な形態の抱える問題点を克服し、新たな可能性を開くことは容易なことではない。一斉授業による読解中心の授業は、国語教育の歴史の中に深く根付いた制度と見ることができる。

一斉授業の基盤には、「文化の伝達」という学校教育の大きな目標がある。もちろんこの目標は大切には違いないが、これからの学校は文化の伝達や知識の注入のみにこだわることなく、より大胆に学習者にとって「楽しい」という要素を、様々な場面に取り入れる努力をするべきではないだろうか。教師はまず担当科目の授業内容に、「楽しい」要素をいかに導入するのかを真剣に模索しなければならない。学習者が自ら興味・関心を持って学習に取り組むことによって、初めて授業が成立し、教室の内と外とのずれは緩和されることになる。

授業を成立させるためには、これまで以上に教師の側の工夫が必要になったことは論をまたない。教師主導型の読解を中心とした授業だけではなく、真の意味での学習者主導型の言語活動を中心とした授業を積極的に開発したい。「授業開発」は、教師にとってきわめて重要な課題となる。

ところで国語教育とは、その名称のように「ことばの教育」である。しかしながら二一世紀の国語教育を考えるとき、「ことば」のみを対象とした教育では捉えきれないものがあるのではないか。その代表的なものは映像である。テレビが出現してからカラーの鮮明な画像が配信される現在に至るまで、テレビは飛躍的な進化を遂げつつ急速に普及した。加えていまは、インターネットを通して、膨大な量の映像が配信されている。子どもたちは日々、豊かな映像の中で生活している。このようなメディア環境の変化は、子どもの言語環境に大きな変化をもたらした。子どもの変化に対応するために、静止画像をも含めた映像をことばとの関係から捉えることは、重要な国語教育の課題となっている。そこで、映像をも含めた「教材開発」の重要性が浮上する。

国語教育の範囲を単なることばのみにとどめずに、映像を含めた多様なメディアとの関連から把握する必要がある。その視点こそが、これからの新しい国語教育の可能性を切り拓いてくれる。それはとりもなおさず、教室の内と外とのずれを乗り越えていくきっかけになるはずである。

学校は、子どもたちにとって楽しい学びの場でなければならない。興味・関心の喚起と学力の育成は、すべての教科に共通する学校教育の基本的な目標である。子どもたちを学びへといざなうことは、教科担当者の責務と言える。しかしながら現場教師の不断の努力にもかかわらず、子どもたちの学びの場としての学校からの乖離という現実は、深刻な問題を提起している。

このような事態を、佐藤学は「『学び』からの逃走」として把握した。佐藤は『「学び」から逃走する子どもたち』(岩波書店、二〇〇〇・一二)において、子どもたちの校外での学習時間や読書冊数、および教科嫌いに関する実態調査の結果を分析して、「大半の子どもは小学校の高学年頃から『学び』を拒絶し『学び』から逃走しています」と指摘した。

佐藤の問題提起からはや一五年が経過したが、子どもたちの『学び』からの逃走」の問題は決して解決してはいない。問題解決に向けての佐藤の提案を受け止めつつ、解決への糸口として、子どもたちが身近な場所で接している素材に目を向けてみたい。「逃走」した子どもたちを強制的に「学び」の場へと連れ戻すのではなく、彼らが生活している「いま、ここ」という地平に「学び」を立ち上げることはできないものだろうか。そこに「学び」の復権の可能性がある。

わたくしは彼らが興味・関心を有する様々な素材に着目して、まさにその素材を通して国語科の「学び」が成立する可能性を追究してきた。それらの多くは、マンガ、アニメーション、音楽、映像、ゲーム、お笑い、インターネット、SNSなどの「サブカルチャー」として括られるものであった。それらは、学校とは異質なものとして排除されることが多かったわけだが、わたくしはかねてから教材として成立する境界に位置付け、「境界線上の教材」としての可能性を探ってきた。ここで「境界線」と称したのは、国語科の教材として成立するかしないかという場所としての「境界線」であり、その上にある教材とは、教材となり得るけれども、慎重に取り扱わなければ教材とは言えないという意味合いにおいて用いている。以下、本書ではこの「境界線上の教材」を具体的に取り上げることにする。

3 「境界線上の教材」を求めて

わたくしは一九七四年四月から中学校・高等学校の国語教育を担当してきた。さらに大学および大学院、そして管理職の立場ではあるが小学校の現場にも勤務した。小学校から大学・大学院まで、広い校種の学習者とともに過ごしたわけである。その間、常に効果的な授業の創造という点を目標として、実践を積み重ねてきた。教育現場での様々な実践を整理し総括する過程で、ある程度は帰納的に国語教育の理論を追究することができたと考えている。

本書では、第一に具体的な実践、すなわち授業内容の記述を試みる。国語教育の研究は実践を基盤とする。現場の教育実践に実際に役立つものこそが、国語教育の重要な理論でもある。現場から乖離した国語教育研究は、決して有効なものではあり得ない。本書では、わたくしが一九七四年から今日まで継続して実践している国語科の授業内容に即して、平易で具体的な記述を心がける。

二一世紀の国語教育の可能性を拓くために最も重視しなければならないのは、国語科の学習内容に関する学習者の興味・関心を喚起することである。もちろん興味・関心の喚起とともに、国語学力育成に関しても常に配慮しなければならない。まさに「楽しく、力のつく」授業の創造が求められている。その中でも、特に国語科の学習に対する興味・関心、および学習意欲の喚起はきわめて重要な実践的課題である。そこで、サブカルチャー教材による国語科の授業を構想することによって、学習者の興味・関心、および学習意欲を喚起する方略を探ることに主眼を置くことになる。そして常に、具体的な授業実践に即して考えてみたい。

現代社会を生きる学習者にとって、苦労してこそ尊いものを獲得できるという価値観は馴染むものではない。彼らが真に「心楽しい」と思えるような経験を、授業の中に保障することが重要である。それは決して学習者に迎合するものではない。また単なる興味本位の一過性のものでもない。かつてハーバート・リードは『芸術の意味』(滝口修造訳、みすず書房、一九五八・一)において、「芸術とは心楽しい形式をつくる試みである、ともっとも単純に、もっとも一般的に定義することができる」と述べた。この定義を援用するなら、授業もまた芸術と同様に「心楽しい形式をつくる試み」として捉えることができる。わたくしは、学習者の興味・関心の喚起という要素を授業の最も重要な目標として位置付けつつ、工夫に満ちた授業開発を試みてきた。

授業開発の中核には、効果的な教材開発という課題が存在する。学習者が主体的な興味・関心を寄せる素材の中には、「サブカルチャー」と称されるものが多く含まれている。本書ではこのサブカルチャーに注目し、その教材化を最重要課題として位置付けた。それは、多くの学校が排除し続けた素材で、教材というカテゴリーに含めて考えるにはいささか躊躇するものでもあった。しかしながら、指導法を工夫することによって、それらの「素材」は「教材」として成立するぎりぎりの

「境界線上」にまで至らしめることができた。そして、それは決して「副教材(補助教材)」ではなく、あくまでも「主教材(本教材)」として位置付けられる必要がある。本書では、サブカルチャーを主(本)教材として用いた国語科の授業実践を具体的に提示することによって、教材開発および授業開発の可能性を検証するつもりである。

初めに国語教育に関わる問題群を広く見渡して、特に教材開発および授業開発という側面から問題を整理する。多くの学習者が関心を寄せるサブカルチャーに目を向けて、国語教育と関連する要素を明らかにしつつ授業の可能性を追究する。続いてサブカルチャーの中から、マンガ、アニメーション、ゲームを取り上げて、それぞれの教材化の実例およびそれを用いた授業実践について具体的に紹介する。主に、学習者の興味・関心を喚起するための方略を明らかにしてみたい。

なお、本書で紹介するわたくし自身の実践は、その多くが前任の中学校および高等学校のものである。したがって、具体的な授業の話題は中等教育に関するものが中心となるが、管理職を兼務した初等教育から現在担当する高等教育に至るすべての校種で扱えるような内容にするつもりである。このことから国語教育の対象となる相手に対して、小学生から大学生まで共通して用いられる「学習者」という用語を使用する。学習者の国語科に対する興味・関心を喚起するための方略を自らの実践を通して検証しつつ、二一世紀の日本の国語教育の可能性を真摯に探ることにしたい。

1―2　逃走した子どもたちはいずこに

1　時代遅れの「子ども―大人」の主従関係

学習者にとって「楽しく、力のつく」授業を創造すること、すなわち興味・関心の喚起と学力の育成は、すべての教科に共通する授業の基本的な目標である。子どもたちを学びへといざなうことは、教師の責務と言える。しかしながら学習者の現実に目を向けたとき、彼らと学校の授業との間には深刻な距離がある。それは前の節で紹介した佐藤学の「『学び』からの逃走」という言説に端的に示されていた。

「逃走」した子どもたちを強制的に「学び」の場へと連れ戻すというのは、もはや時代遅れの「子ども―大人」の主従関係のなせる業ということになる。子どもたちが逃走を企てた場所、彼らが棲息する「いま、ここ」という地平に、新たな「学び」を立ち上げることはできないものだろうか。興味・関心を有する様々な素材に着目して、まさにその素材を通して国語科の「学び」が成立する可能性を追究する。それらの多くは、一般に「サブカルチャー」として括られるものであった。それらは学校に馴染まないものとして排除されることが多かったわけだが、わたくしはかねてから教材として成立する境界線上に位置付け、「境界線上の教材」としての可能性を主として実践のレベルから探ってきた。

子どもたちの「いま、ここ」へとアプローチを試みるためには、彼らの現実に対する的確な理解が前提となる。子どもたちのいる環境に多様なメディアが急速に普及した今日、彼らの実態は確実に変容しつつある。わたくしは教材に関するパラダイムを見直し、可能な限り子どもの側に立つという地平から国語科の教材開発を目指すことにした。教材開発は、常に学習者の実態に即して進められる必要がある。教室の中で、教師と学習者との間には、特段の主従関係はない。

そこでまず、子どもたちの「いま、ここ」を的確に把握するところから出発することを考えてみたい。わたくしは教材開発という目的意識に立脚した実態調査を目指して、早稲田大学大学院教育学研究科国語教育専攻で、担当する研究室に所属する修士課程の院生を中心とした調査チームを組織した。実際の調査は、中学校および高等学校の学習者および指導者に対して、アンケートの形態で実施したものである。二〇一五年現在までに三回にわたって実施し、それぞれの集計・分析結果は冊子にまとめて公表をしたが、ここでは改めて教育現場へのアンケート調査の概要を紹介しつつ、特にサブカルチャーと称される素材に関する学習者と教師の意識を明らかにすることに主眼を置いた第一回目の調査結果を振り返る。

調査では、学習者の現実とマンガ・音楽を中心としたサブカルチャーとの関連を追究することになった。本書の研究課題と直接関連するものであることから、その調査結果を中心に紹介する。時期的には少し前の調査ではあるが、その内容は現在とも深く関わりを有すると思われる。

前節では教室の内と外との深刻なずれに言及したが、本節では、教室の「外」の実態に焦点を当てて、アンケートの向こう側にいる子どもとことばの問題に着目することにしたい。

2　アンケートの向こうに見えてくる「子ども×ことば」——「高校生のコミュニケーション及びサブカルチャーに関する意識調査」について

(1)調査の概要

二〇〇三年一二月から二〇〇四年三月にかけて、「高校生のコミュニケーション及びサブカルチャーに関する意識調査」を実施することにした。まずコミュニケーションに関わる調査を実施したうえで、広くサブカルチャーとして括られる身近な素材に対して、高校生と担当教師がどのような意識を持っているのかという点を、アンケート形式によって調査することを主な目標とした。

高校生を対象としたアンケートの調査項目として、合計二四項目を設定した。その内訳は、性別・学年に関するもの一問、コミュニケーションに関するもの五問、作文に関するもの五問、マンガに関するもの七問、音楽に関するもの六問である。また教師を対象とした質問項目は合計一二項目で、性別と年齢に関するもの一問、国語科の授業に関するもの三問、マンガ・歌詞の教材化に関するもの一問、学習者の実態を掌握する方法に関するもの一問を設置した。続いて学習者への質問事項と比較することを目的とした質問として、コミュニケーションに関するもの三問、マンガに関するもの二問、音楽に関するもの一問とした。

調査は、あらかじめ調査に協力可能な学校を確定してからアンケート用紙を配布することにした。結果として、関東地方および近畿地方を中心とする一都一府五県からの回答が寄せられた。ちなみに、回答が届いた学校の種別と回答数は、以下のようになっている。

全日制普通科―一七六一　全日制工業科―一二八　全日制農業科―七七
全日制国際教養科―三一　定時制工業科――一四　合計――二〇一一

さらに、回答者の男女別の内訳は次の通りであった。

男子―八〇六　女子―一二〇一　無回答―四　合計―二〇一一

これを学年別にすると、次のようになる。

一年生―四八五　二年生―一二五八　三年生―二六七　無回答――一

(2)学習者を対象とした調査の結果

まず高校生を対象とした意識調査の結果から確認することにする。

調査項目は、大きく次の五項目に分けた。

①コミュニケーションの手段　②メディア
③作文　④マンガ　⑤音楽

以下に、本書と関わりがある②と④について、それぞれの項目における具体的な質問項目と、それに寄せられた回答を紹介する。

高校生の周囲には多様なメディアが存在し、常に膨大な情報を発信し続けている。そこで、高校生とメディアとの関わりについての調査を試みた。質問事項としては、新しい情報を取り入れるために最も多く用いる手段について、そして情報を取り入れる際に最も信頼できると思うメディアについて、選択肢を掲げて問うことにした。

その結果、新しい情報を取り入れるための手段として最も多かったのは「テレビ」と「インターネット」であり、両者の合計は七一・八％に及んだ。反対に、書籍や新聞、雑誌などの活字媒体からの情報収集は合計二〇・二％にとどまっている。しかしながら、信頼できるかどうかという観点を掲げると、結果はまた異なる様相を呈することになった。すなわち、よく用いる手段として「インターネット」を選んだ学習者六四三名のうち、それが信頼できると回答した者は全体の二八・一％にすぎなかったのに対して、四一・八％の学習者は新聞や書籍を信頼できるメディアとして選んでいる。高校生はインターネットをよく利用するものの、その内容をあまり信頼してはいないという現状が浮かび上がる。その一方で、「どれもあまり信頼していない」と答える学習者、また「一応全部疑ってみる」や「いろいろな媒体を複合的に取り入れて判断」と答える学習者が三〇名いたことは、注目に値する。さらに「自分の勘」や「自分の目」で物事を考えようとする学習者もいた。

続いて、マンガに関する調査結果を紹介する。

最初の質問は、高校生がマンガに接する頻度に関するものである。選択肢の中では「たまに読む」が最も多く、全体の四二・八％を占めている。「全く読まない」という回答が四・七％という結果からは、九五％以上もの生徒が何らかの形でマンガを読んでいることになる。回答を男女別に整理してみると、男子の数値が女子を上回っていることから、男子学習者の方がマンガに接する機会が多いという事実が浮上する。

マンガの定期購読の状況を調査すると、「現在定期的に読んでいる」「過去に定期的に読んでいた」を合わせて男子八一・六％、女子が八〇・二％と、男女とも八割を超えている。男子学習者は「現在定期的に読んでいる」という回答が五〇・六％で、女子の二九・〇％を大きく上回っている。

では、高校生はマンガのどのような要素に魅力を感じているのだろうか。「マンガが好きな一番の理由」について尋ねたところ、男女ともに「ストーリーがおもしろいから」「ストーリーに感動したから」という回答が多かった。彼らは、ストーリーの面白さをマンガの魅力としてとらえていることが分かる。なお、男子が「おもしろい」「笑える」など単純に娯楽としての要素を求める傾向が強いのに対して、女子は「感動」「共感」など感情移入ができるところにマンガの魅力を指摘している。「その他」には「このマンガがなかったら今の自分はいない」「人生の大きな指針を与えられた」など、マンガは高校生の生き方に直接影響を及ぼしていることが分かる回答が目立った。

さらに好きなマンガのジャンルでは、約六〇％の女子が「恋愛・ラブコメ」を選んでいる。これに対して男子は「スポーツ」「格闘・アクション」を選んだ。好きなジャンルでは、男女の差異が明確に現れたと見ることができる。

最後に、マンガを国語科の教材として扱うことについての意見を尋ねたところ、「扱ってほしい」

が四二・二%、「扱ってほしくない」は二〇・八%、「どちらでもない」が三七・〇%であった。「扱ってほしい」という学習者が「扱ってほしくない」の約二倍いたわけだが、「扱ってほしくない」という回答の中には、「マンガ嫌い」の学習者だけではなく、彼らの日常に入り込んでいるだけに逆に学校で扱うこと自体に抵抗を示す学習者も含まれている。

(3)現場教師を対象とした調査の結果

今回の調査では、学習者とともに担当する教師の意識をも確認するという意図から、学習者とは別に国語科の教師へのアンケート調査も実施することにした。まず教師の視点から学習者の現実をどのように把握しているのかを尋ね、さらに学習者と同じ問いを掲げることによって、教師と学習者との世代間のずれの実態を明らかにするというねらいもあった。回答を寄せてくれたのは、男性教師二七名、女性教師二一名の合計四八名である。回答者の年齢は、二〇代三名、三〇代四名、四〇代二八名、五〇代以上が一三名という内訳だった。

教師に対する質問項目には、学習者のどのような点が最も問題であると感じているかという内容がある。この問いに対して、最も多かったのは「学習意欲の低さ」で、次いで「基礎学力の不足」が挙げられた。その他の項目として挙げられたのは、「集中力・根気の欠如」や「好奇心・関心の低さ」「まじめさの欠如」であった。

教師に対する質問事項として、今回特に重視したのは、マンガの教材化の実態である。それぞれ、次の三つの選択肢を用意した。

a　(副教材も含めて)既に教材として扱ったことがある

b　(副教材も含めて)教材として扱ってみたい

c　教材として扱う必要はない

結果は、a五二・一%、b一八・八%、c二九・二%であった。実際に授業でマンガを扱ったという教師が半数以上、これから扱ってみたいという教師も二割近くということから、教室でマンガを扱うことに対しては教師の側からもそれなりの支持を得ていると見ることができる。調査では続けて「扱ったことがある」と回答した教師に、具体的な作品名、扱った理由、学習者の反応を尋ねることにした。その結果、『源氏物語』の学習に『あさきゆめみし』を用いるという例に代表されるように、すべてが副教材としての扱いであった。マンガを主教材として、マンガを読むという活動を中心とした授業の実践は挙げられることがなかったという実情である。さらに学習者の反応に関しては、「概ね良好」としながらも、「その場は盛り上がるが……」のように、ことばの学びにつながるという点では疑問を持つ回答があった。

マンガを扱ったことがある、もしくはこれから扱ってみたいという教師に、今後扱ってみたい作品名とその理由を挙げてもらったところ、寄せられた回答の多くは古典関係の作品であった。特に古典学習への導入として、また内容理解の補助資料としてマンガが有効と考える回答が多かった。国語科の教材としてのマンガを考える際の一つの方向を、これらの回答の中に見ることができる。

教師を対象とした調査では、続いて学習者と同様に、コミュニケーションの手段、マンガや音楽との関わりに関して尋ねてみた。学習者との比較のうえで、最も相違が際立った項目は、マンガに関する項目である。特にマンガを読む頻度に関しては、「全く読まない」という回答が四六%にも及んでいる。教師と学習者との差異は、世代の相違から派生する自然な現象と見ることができよう。しかしながら、世代が異なるからということで、学習者の現実を理解しようとする努力を怠ることはできない。そこで、教師がどのような方法によって学習者の実態を理解するのかという問題について、記述式の回答を寄せてもらった。

そこで挙げられた方法は、学習者と直接話をする、文章化させる、アンケート調査をするという三点に集約できる。常に学習者を見詰め、対話を試みつつ、彼らの現実を把握しようとする努力を惜しむべきではない。そこで、学習者たちが好んで読んだり聴いたりするマンガや音楽に、教師も関心を寄せる必要がある。彼らの視点に立ったとき、教材開発や授業構想に関する新たな発見を期待することができる。

教師を対象としたアンケート調査の最後に、「その他、国語教育全般についてご意見があればご自由にお書きください」として、自由記述による回答を求めたが、多くの教師が具体的なコメントを寄せてくれた。以下に主な見解のみ整理して紹介する。

① 学習者のことばが豊かではないために、基本的なことばが通じない。正しい日本語を教育する必要がある。

② 映像文化が盛んで活字文化が悲惨な状況になっているいま、国語教育は活字文化教育の最

後の砦となっている。

③　マンガや歌詞に関して、インパクトはあるものの、あくまでも理解の手助けやきっかけにしかならない。

④　教室で育成したい国語力と、大学入試で問われる国語力との間には、大きな隔たりがある。

高校の国語科に何が求められているのかを、広く問うてみたい。

教師を対象とした今回のアンケート調査において、寄せられた回答数は決して多くはないが、国語教師の本音と思われる貴重な回答が多く寄せられたことは大きな成果であった。これからの国語教育の可能性を探る際に、教師からの回答は、多くの示唆を与えてくれる。

3　新たな教材開発の可能性

これまでわたくしは、学習者の現実に即した教材開発を提案してきた。それはたとえばサブカルチャーに関わる素材の中から、教材として成立するぎりぎりの境界線上に位置付けられるものであった。三回の実態調査を通して、この「境界線上の教材」の可能性を追究する必要性を痛感した。

魅力ある国語科の教材開発を目指したい。学習者の現実に切り結んだ教材を開発すること、それとともにその教材を用いた効果的な授業を構想することこそが、教師の最も基本的かつ重要な仕事だと考えている。明日の授業をもっと工夫してみようという思いが、常に教材開発の出発点にあった。「工夫」の域を超えたより大胆な試みをも含めた教材開発を実現したい。

教材開発の際に最も重要なことは、学習者の現実を的確に捉えるということである。学習者の生活する「いま、ここ」をしっかりと見詰めて、彼らの現実を正しく理解しておきたい。彼らが関心を寄せるマンガやアニメーション、音楽や映像、ゲーム、お笑い、インターネット、SNSなどに広く目を向けて、国語科の教材として成立する境界線上に位置付けるという試みを続けてきた。多くがサブカルチャーと称されるそれらの素材は、学校の価値観からすれば決して授業に馴染むものではない。しかしながら、学習者の現実と向き合ったとき、取り上げざるを得ない素材でもあった。「楽しく、力のつく」という文脈の中へ位置付ける努力を続けてきたことになる。

教材開発に必要不可欠なものは、やはり教師の不断の努力である。現場の業務量の多さによる多忙を理由に、教材開発にかける情熱を後退させてはならない。いわゆる「定番教材」が教科書に残る理由が教師の多忙にあるとしたら、それは寂しいことである。教師は、新たな教材の発掘に全力で取り組むべきではあるまいか。そして「定番教材」を扱うことになった場合には、ぜひとも斬新な指導法を工夫してみたい。

国語科の教師は特に視野を広くして、学習者が興味・関心のある領域を視野に収めるようにしたい。なおかつ情報を仕入れるアンテナを精一杯高くして、教材開発に直結する様々な情報を収集する必要がある。常に魅力溢れる授業のための教材開発の基盤をしっかりと築いておきたい。

1-3　学びの復権を求めて――「交流作文」の可能性を探る

1　ケータイ文化にヒントを得た「書くこと」の学び

これまで述べてきた「境界線上の教材」について、具体的にどのような教材を授業でどのように扱ったらよいのかという課題について、本節では一つの具体例を明らかにしたい。そこで「書くこと」の領域の学びに、携帯電話・スマートフォンを導入するという授業を取り上げる。ただし、あらかじめ触れておきたいのは、スマートフォンを授業中に持ち込んで何らかの活動を展開するという試みではない。多くの子どもたちがスマートフォンを所持し、日常の中で欠くことができないツールとして愛用しているという事実に着目し、彼らがどこに惹かれているのかを探りつつ、そのような状況を授業の中に設定することを目指す実践である。

「書くこと」の学習指導、すなわち文章表現指導について考える際に、常に課題となるのは学習者から発せられる次の二つの素朴な問いである。すなわち、一つは「何を書いたらよいのか分からない」という問いであり、いま一つは「どのように書いたらよいのか分からない」という問いである。この二つの問いは古くから問われ続けてきたものであるが、これに対応して、「何を」「どのように」書くのかという課題に応えるための具体的な指導が模索されてきた。にもかかわらず、二つの問いはいまもなお繰り返し問われ続けている。

これらの問い以前に重要なことは、学習者がまず「書きたい」という意志を持つことである。わたくしは学習者の表現意欲喚起という点に最も重要な作文指導の課題があると考え、この表現意欲を「書くことへと向かう意志」として把握し、どのようにしてその意志を育てるのかという課題について、様々な実践を通して検討を加えてきた。学習者の書くことへと向かう意志を育てることの重要性は、あらゆる校種の作文指導に共通する基本的な課題である。

子どもたちが文章を書かないという声をよく耳にするが、実態として彼らはかなり多くの「書く」活動に携わっている。その実例として、スマートフォンを用いたメールやラインの交換に熱中する場面を想定することができる。さらにインターネット、さらにはツイッターやフェイスブックなどを通して膨大な量の書き込みがなされる場面において、書き込む主体の多くは若い世代と思われる。彼らは決して書くことが嫌いではない。学習者の現実を的確に捉えたうえで、「書くこと」へと向かう意志を効果的に生かすことができるような授業の構想が求められる。授業という場所で学習者の日常に内在する表現意欲を喚起すること、すなわち「書くこと」に対する興味・関心を育てるという点を、主要な意義・目的として位置付けたい。

ここで改めて、いま学習者の間でもはや例外なく所持され、最も身近なコミュニケーション・ツールとなった携帯電話・スマートフォンに着目してみたい。それはマンガやゲームと同様に学校への持ち込みが禁止され、学校の価値観には馴染まないものとして位置付けられることが多いわけだが、学習者の異常な関心の高さは、学校での規制を遥かに超えている。特に注目すべきは、通話よりもメールやラインの機能の方である。担当する大学院の研究室による実態調査の結果からも、高校生の日常のコミュニケーション手段は携帯電話のメールが最も多いことが明らかになった。この携帯メールに着目した府川源一郎は、「ケータイ作文の可能性」と題した『月刊国語教育研究』(二〇〇三・七)の「問題提起」において、次のように述べている。

そこ(引用者注＝携帯メール)で交わされる情報をたわいないおしゃべりにすぎない、と切って捨てることは簡単だ。だがもしかすると、コンパクトな表示画面と、制約されたキー操作という条件のもとで、新しい文章表現様式が生まれている可能性があるかもしれないではないか。それを教室実践の中でさらに追求し、新たな作文の指導として位置づけることはできないだろうか。

学習者の現実に着目し、その現実の中にある素材を「切って捨てる」ことをせず、逆にその素材の「可能性」を取り上げて、新たな授業を構想するという府川の問題提起は、彼らの「書くこと」へと向かう意志を尊重するわたくしの問題意識につながる。なお以下では、府川の問題提起に合わせて「携帯電話・スマートフォン」を「ケータイ」という呼称にする。

わたくしはこれまでに、府川の言う「ケータイ作文」の実践に関連したいくつかの授業構想を検討してきた。考えるべきことの一つは、学習者の世代が何故にケータイに惹かれるのかという問題である。何が彼らをしてかくも夢中にさせるのだろうか。その点を解明することができれば、表現意欲の喚起という課題に援用できると考えた。そこでまず、コミュニケーションの問題を取り上げてみたい。

携帯メールの特色の中に、「相手とつながる」という要素がある。この要素は、若い世代の精神構造を読み解く一つの鍵になるものだが、仲間とつながっていたいという思いが、相手にメールを送信するという表現行為になることは想像に難くない。そしてメールが着信したら必ず直ちに返信をするという点が、暗黙のルールとなっているという状況がある。送信したメールに返信が届くと、相手とつながっていたいという意欲は満たされる。それを目的として、毎日多くのメールが送受信されているのが現状である。

相手との一種のコミュニケーションを求めるというこの意識は、さらにインターネットの掲示板における書き込みや、ツイッターやフェイスブックを愛用する若い世代が著しく増えているという実態にも関連する。ケータイの場合は比較的限定された相手ということになるが、相手の顔が見えにくく、匿名性のある表現媒体も多い。

携帯メールの場合、気軽に書くことができるということも、多様でかつ自由な表現を支えてきた。学校の作文の時間に改まって書くとどうしても筆が進まない学習者も、携帯メールは大好きで、頻繁にメールのやり取りをすることがある。原稿用紙に向かって書くという改まった意識ではなく、思ったことを自由に書けるという気軽さも、携帯メールの特徴である。この特徴はケータイにおける予測変換機能や多彩な絵文字や顔文字の機能などによって、さらに顕著になる。

そしていま一つ、携帯メールの文章は全体の長さが短いという点も重要な特色となっている。国語科の授業で課せられる作文は、たとえば八〇〇字程度のまとまった文章であることが多い。それと比べると、携帯メールでは表示画面が小さいこともあって、延々と長い文章を書く必要はない。極端な例を挙げれば、「元気?」ということばだけで文章が構成され、送信される。この表現に対しては、相手からも「元気!」という返事が戻ってくるという他愛ないコミュニケーションではあるが、「相手とつながる」という側面からは重要な表現ということになろう。

これまで確認してきた携帯メールの特色を整理してみると、以下のようになる。

① 相手とつながりたいという意識が書き手の基盤になっていること。
② 相手からの返信を期待していること。
③ 気軽にかつ手軽に書くことができること。
④ 短い文章でメッセージをまとめることができること。

前に引用した「ケータイ作文の可能性」と題された「問題提起」の末尾で、府川源一郎は次のように述べていた。

従来の作文とケータイのメールとの連続性と同質性を視野に入れた国語の授業が構想できるはずだ。おそらくその試みは、文章の「現在」を、ほかならぬ教室の中で創り出していく可能性がある。

ここで府川の言う「文章の『現在』を、ほかならぬ教室の中で創り出していく可能性」を拓くことこそが、「ケータイ作文」の一つの目標として位置付けられる。「ケータイ作文」を構想するためには、いま整理したような携帯メールの特色を踏まえなければならない。わたくしはさらに「匿名性」という要素も加えた「交流作文」と称する試みを、「ケータイ作文」の一つの具体的な形として提案したいと思う。以下、「交流作文」の実際に関して具体的な紹介を試みる。

2 「交流作文」が生み出す対話——実際の授業に即して

わたくしが「書くこと」の学びを構想する際に、特に配慮しているのは次のような点である。

① 書くことに対する学習者の興味・関心および意欲を喚起すること。
② 書くための効果的な教材を発掘すること。
③ 学習者を書くことへと円滑にいざなうための課題を工夫すること。
④ 書くための具体的な場所を設定すること。
⑤ 個人・グループ・クラスの各レベルにおいて学習を展開し、「教室の文化」を生かした効果的な評価を実施すること。

まず「書くこと」に対する学習者の興味・関心および表現意欲を喚起することが、作文の授業の主要な目標となる。続いて、彼らの興味・関心を喚起できるようなインパクトのある教材を発掘する。さらに授業の内外で、必ず「書く」という具体的な活動の場面を設定することも重要である。

そのために、「書く」活動にいざなうための学習課題の意味も大きい。学習者が個人で書いた作文は、グループおよびクラス単位の検証を経て、再度個人へとフィードバックすることによって、よりふさわしい表現に向けての視野を拓くことができれば、効果的な作文の授業が実現する。以上の五点に、前の節で整理した携帯メールの特徴の四点を勘案しつつ、「交流作文」の授業を構想した。

「交流作文」の構想のきっかけは、前任の中学校・高等学校における実践であった。前任校は中学校と高等学校とが設置された私立学校で、一人の教員が中学校と高等学校の授業をそれぞれ担当するというケースも多かった。一九八五年度に高校三年生を対象とした「国語表現」と、中学二年生を対象とした「国語」をともに担当したという状況を生かして、異学年の交流という要素を授業に取り入れることを工夫してみた。授業で扱ったのは、高校三年生が同じ学校の後輩である中学二年生を相手に、自身の体験に即したアドバイスを二分間でスピーチするという課題であった。効果的に話すことに関する学習を経てから高校三年生は、自らのスピーチをテープに録音して提出することになる。この録音という形態によって、スピーチを異学年で交流することが可能になる。

このときの授業では、カセットテープを用いて「話すこと・聞くこと」の領域を取り扱うことになったわけだが、ここで提案するのは、「書くこと」の領域に関わるものである。すなわち、異学年の学習者の間で作文に関わる活動を交流するという形態である。以下に示す内容は、メールやインターネットという手段を用いても実現できるものではあるが、わたくしはあえて手書きの用紙を媒体とした方向から、「交流作文」と称する方法を提案してみたい。それは、原則として以下のような条件の下で実践されることになる。

① 学年の異なる学習者の間で、相互に文章を書くことによって交流を図る。異なる学校間で実施されてもよいが、基本的には学年の異なる学習者を選ぶようにする。

② 交流する相手との間で、相互に個人的な知人としての関係がないことが前提である。交流に際しては相手の氏名等の個人情報を公開せず、すべてイニシャル等匿名での関係にとどめる。

③ 作文の長さは二〇〇字程度の「短作文」とし、作文のために要する時間も一〇分から二〇分程度の短時間で取り組むことができるものとする。

④ 作文に対する学習者の興味・関心が喚起できるような課題を設定する。

⑤ 交流を実施するいずれの側の学習者にも、文章の書き方に関する適切な指導を実施する。

⑥ あらかじめ評価の観点を掲げたうえで、書かれた作文に対する評価を実施する。

⑦ 交流するいずれの側にとっても、価値あることばの学びが展開できるように配慮する。すなわち、交流を通して双方の学習者に確かなことばの力が育成されることを目指す。

⑧ 交流するいずれの学習者に対しても、指導者が適切な指導を展開できるように配慮する。

以上のような条件を勘案して、まずは交流するのにふさわしい学習者を選ぶところから出発することになる。本節の冒頭で学習者から提起される作文の二つの課題に言及したが、特に④の条件は「何を書くか」という問いに、そして⑤の条件は「どのように書くか」という問いに対応する活動として位置付けることができる。「交流作文」全体に配当する時間は、それぞれの学年に一時間から二時間を規準として年間指導計画の中に位置付けることも、また投げ込み的な扱いもできるように配慮する。以下に、わたくし自身が担当する大学の授業と、高等学校の授業とを結ぶ「交流作文」の実践について言及する。

わたくしは二〇一五年現在、教職課程科目である「国語科教育法」の授業を担当している。この科目は、受講者が国語科の教員免許の取得に向けて、特に教育現場での教育実習において国語科の授業が展開できることを目標にしたものである。中学校・高等学校の教育現場と直接関わる術を持たない大学生にとって、現場の学習者の現実を直接理解する機会はあまりない。家庭教師や学習塾の講師のアルバイトをしている学生が、特定の学習者と限られた時間の中での交流の機会を持つことができる程度である。教育実習を控えた彼らにとって、教育現場との交流はきわめて重要な課題となる。そこでわたくしはこの「国語科教育法」の授業の指導計画の中に「交流作文」を位置付けて、具体的な実践を試みつつある。

以下に「交流作文」の具体的な指導過程を紹介する。なお、交流を依頼する高等学校の担当教諭との間で打ち合わせをして、「交流作文」の進め方についてあらかじめ入念な協議をすることの重要性は言うまでもない。

① 「国語科教育法」の授業で、受講者に趣旨を説明して「交流作文」を実施する旨を告げ、その内容と実施方法について説明する。

② 作文の課題を出題するに際して、高校生に対する作文指導の実際を説明し、指導上の留意点等について言及する。また具体的な作文課題の実例を紹介する。

③ 大学生が自身の体験に即して実際に役に立った文章表現技術を取り上げて、高校生にその技術を紹介する。

④ 大学生が実際の作文課題を作成する。課題とともに、その課題に即した文章表現技術を紹介し、さらに作文の「評価の観点」を二点、簡潔に示すことにする。

⑤ 作成した課題を席の近くのメンバーで適宜交換して相互評価を実施し、客観的な視点から、課題および評価の観点の適否を協議する。そのうえで、「清書用プリント」に文章表現技術と作文の課題および評価の観点を記入する。

⑥ 提出された「清書用プリント」に指導者が目を通し、内容・表現両面から、高校生に渡す際に問題になるものがないかどうかを点検する。なお「交流作文」においては、大学生も高校生も個人名などの個人情報はいっさい出さずに、氏名はイニシャルで記入するように統一する。

⑦ 大学生が作成した、作文の課題、関連する文章表現技術、評価の観点が書かれた「清書用プリント」を、高等学校に届ける。担当教諭の協力によって、高等学校側で生徒にプリントをコピーして配布し、課題に取り組ませる。

⑧ 高校生が取り組んだ作文を課題の提出者に戻して、あらかじめ提示した観点に基づいて評

価を実施する。

⑨　大学生が評価を記入したプリントは、再度高等学校に送って、担当教諭に高校生への返却を依頼する。

以上のような指導過程によって「交流作文」の授業を展開することになる。先に引用した府川源一郎の「ケータイ作文の可能性」では、ケータイという機器の普及の中に新しい表現指導の可能性を見出していた。ケータイの普及という現実によって、子どもたちの表現世界は大きく変容している。その実態を的確に捉えたうえで、これからの作文教育を考える必要がある。パソコンとケータイによって、メールという表現および通信の方法がすでに定着した。学習者が自主的にかつ意欲的にメールの送受信を繰り返すという事実に目を向けて、そこに表現へと向かう一つの意志を確認しておきたい。そこには、情報のインタラクティブ性という特性が浮上する。すなわち情報を一方的に送信するのではなく、相手からの返信を期待して送信するという意志を見ることができる。ただし、それはあくまでも相手と顔を合わせての直接的なものではない、間接的なコミュニケーションに限定されるという点も重要な要素である。このような間接的な双方向の交信を可能にするという要素をメールの特性として把握し、それを教室での作文教育に取り入れる工夫をするという試みから、「交流作文」という方法を提案した。また、様々な場面において自分自身、および交流した相手との対話が成立することもこの試みの重要な特色である。

「交流作文」の試みは、基本的には双方向型の作文につながるものとして捉えることができる。

携帯メールが支持される基盤として、メッセージのインタラクティブな交流という要素が挙げられる。すなわち必ず相手がいて、作成したメッセージがその相手に読まれること、さらにその相手から返信があることが、携帯メールによるコミュニケーションの特色である。この双方向型のメッセージの交流を実現することができるような形にして、さらに様々な場面での対話の成立にも配慮して、作文指導の領域に位置付けたものが「交流作文」である。

大学の教職課程で「国語科教育法」を履修する学生にとって、現場の高校生との交流はきわめて価値のある出来事として受け止められる。彼らには、教育実習を経験する前に現在の教育現場の状況を知りたいという、共通の思いがある。そして、高校生に向けて作文の課題を発信することはそれだけでも「国語科教育法」の中で扱う重要な領域であるが、その課題に対して高校生が実際に取り組んで、結果がフィードバックされるというシステムは、貴重な機会として把握される。課題に取り組んだ学生は、高校生からの反応を待ち望んでいた。

一方、大学進学を希望する高校生にとっても、現役の大学生からの課題の提示や評価を期待する気持ちは大きい。彼らは大学生との交流を楽しみつつ、大学生から提示された学習課題に真摯に取り組んだ。そして単に作文の課題のやり取りに終わらず、より個人的なメッセージの交流にも高い関心を示していた。そしてすべてがイニシャルという匿名での交流であったわけだが、大学生も高校生もその点を自然に受け入れた形で交流が実現できたことも、重要な成果である。さらに、評価の問題に関しても、相互の「交流」が生きるように配慮している。すなわち、高校生の書いた作文に関しては、課題を提示した大学生が責任を持って評価に当たる。そして大学生の課題に対する評価は、実は高校生によってなされているのである。適切な課題に対しては、意欲的に取り組む高校生だが、課題があまりふさわしくないと判断すると何も書かないようになる。一名の大学生の出題に複数の高校生が取り組むという形態になっているので、多様な学習者の傾向を知ることができる。

　このように異学年間の交流が、それぞれの学年にとって価値ある国語科の学習活動として結実するような形態を目指すことが、「交流作文」には要求される。そのためには、指導者の側の周到な準備と、指導者間の入念な打ち合わせが必要不可欠となる。

「交流作文」は、授業時間としては二時間という比較的短時間で扱うことができる。このことから、年間指導計画の中に位置付けることも、また時間に余裕がある際に「投げ込み」的な扱いで実践することも可能である。

　異学年間の交流による学習活動に関する実践はあるが、管見によれば、大学と中学・高校間の交流という観点からの実践はさほど多くは報告されていない。現場との交流という教師教育の課題に応えるためにも、さらなる実践の蓄積が必要になる。

　学習者の書くことへと向かう意志を生かすということを前提として、携帯メールの機能を参考にした作文の授業構想の一つとして、「交流作文」を紹介した。この試みは、府川源一郎が問題提起した「ケータイ作文」の一つの形態として位置付けることができる。より多様な「ケータイ作文」の開発に向けて、効果的な実践と研究を続けたい。

第2章

「素材」→「教材」への架け橋

2―1 境界線にある教材たち

1 読解力の正体

本書のタイトルとした「読解力の育成」をめぐって、「読解力」の問題に言及したい。OECDのPISA（学習到達度調査）の調査結果が公表されてから「読解力低下」がにわかに話題に上り、活発な論議が展開されるようになった。PISAにおける「読解力」の順位が、二〇〇〇年の調査結果では調査国三二カ国の中で八位だったものが、二〇〇三年の調査結果では四一カ国中一四位に下がったという事実を受けて、「読解力低下」の問題が様々な論議を巻き起こして、世人の関心を集めるようになったものである。その後二〇一二年の調査では、六五カ国中四位と回復している。

論議の過程で浮上した問題点の一つは、「読解力」という用語の意味するところを的確に把握しなければならないという点である。この点に関しては、吉田裕久が「読解力と『読解力』(Reading Literacy)」（『教育科学国語教育』二〇〇六・二）において、カッコの付かない読解力とカッコの付いた「読解力」とを分けて考える必要性を指摘していることに注目したい。すなわちカッコの付かない読解力とは「文章・作品を読み解く力」であり、国語科が「従来求めてきた」ものを意味する。これに対してカッコの付いた「読解力」とは「OECDのPISA調査で求められたReading Literacy」の意味である。吉田は「受けとめ」を基本とする前者と、「受けとめたことをさらに表現していく」後者とを一律に捉えずに、「一部に共通項を持ちながら、そのねらいとするところは別物と捉えておいた方がよい」と述べ、次のような指摘をする。

結論から言えば、カッコの付かない読解力も、カッコの付いた「読解力」も、ともに必要な読みの力だと捉えている。と言うのも、「読解力」は、読解力を前提としているし、確かな読解力に支えられているからである。

「読解力低下」や「読解力育成」を話題にする際には、まずその「読解力」という用語の意味を明確にする必要がある。ちなみにカッコの付いた「読解力」は、文部科学省の「読解力向上プログラム」(二〇〇五・一二)では特に「PISA型『読解力』」と称され、カッコの付かない読解力と区別して用いられている。読解指導開発に際しては、吉田の指摘のように、PISA型「読解力」だけではなく、従来型の読解力をも含めた検討をする必要がある。PISAの調査結果が引き金になって、読解指導の在り方が問い直されるのは好ましいことだが、「読解力低下」という用語のみが一人歩きしないように注意したい。以下、「教材」と「指導法」の二つの問題に焦点を当てて検討を試みる。

検討すべき第一点は、教材の問題である。すなわち、PISA型「読解力」で扱うテキストには、文章による「連続型テキスト」にとどまらず、図・グラフ・表などの「非連続型テキスト」と称されるものも含まれるという点に着目したい。これからの国語教育のカテゴリーには、文章中心のテキストだけではなく、より多様な素材を取り入れて考える必要がある。国語科の教材開発の際に、「読むこと」から「見ること」にまで範囲を広げて検討することも、許されてよい。

わたくしは、多くの学習者が興味・関心を寄せるサブカルチャーに注目し、その教材化の可能性を探ってきた。国語科の教材として成立するぎりぎりの境界線上に位置付ける試みを提案し続けてきたわけだが、国語科で扱う「リテラシー」の領域が拡大されつつある現状に、「非連続型テキスト」の可能性が加わった状況を勘案すると、「境界線上の教材」がより国語科の範疇に引き寄せられたと見ることができる。

第二点は、テキストを単に読むという活動にとどまらず、テキストを利用して、テキストに基づいて意見を述べたりするという「表現」の活動も含めて考えるという点である。「読解」という活動が、単に書かれた内容を正確に読み取ること、すなわち「情報の取り出し」だけではなく、テキストの内容を自らの考え方と結びつけたり、評価をしたり、そして自らの考え方を表現したりする活動へと展開する必要がある。受動的な「読むこと」から能動的な「読むこと」へと、授業のコンセプトを転換することが求められる。さらに能動的な「読むこと」を考えるとき、文章に書かれた筆者の見解をそのまま鵜呑みにするのではなく、「熟考・評価」することが求められることになる。

2　授業はトップダウンではない

境界線上の教材開発の根底にあるのは、学習者中心の考え方である。学校の中枢には学習者としての子どもたちが存在し、授業の中枢にもまた学習者がいる。この当然とも言える前提を忘れてはならない。一人ひとりの学習者にとって「楽しく、力のつく」国語の授業を創造するために、境界線上の教材として彼らが興味・関心を有するサブカルチャーを位置付けることにする。

効果的な授業を創造するためには、教材開発が必要になる。授業が面白くないと訴えて「学び」から逃走する学習者の現実についてはすでに言及したが、その理由としてそもそも授業で使用される教材が面白くないからという点を挙げる者が多い。授業方法に加えて教材の魅力の乏しさという点も、国語科に対する学習者の主体的な興味を喚起できない要因となっていることは事実である。

ここで改めて学習者のことばの現実に目を向けてみたい。そこには第一に、ことばにおける身体性の希薄化という問題点を指摘することができる。子どもたちのコミュニケーションツールとして普及するスマートフォンによってもたらされるメールやフェイスブック、ツイッター、ラインなどは、すべて相手の「顔」の見えない、身体性に乏しいコミュニケーションである。直接相手と対峙して、相手の顔を見て、相手の身体に向けて声を発するという原初的なコミュニケーションが成立しにくくなっている。

子どもたちの時と場所とを選ばないスマートフォンの使用、そしてメールやラインの多用という現実に接すると、彼らのコミュニケーションは、具体的なメッセージの伝達よりも自己と他者との連帯感の確認にすぎないのではないかと思われる。ある集団の中の連帯感が絶対的な必要条件であり、そこには異質性の排除と、集団からのドロップアウトに対する強い危機意識が見られる。

わたくしが中学校・高等学校の教育現場で担当する学習者に定期的に実施したアンケート調査の結果や、直接学習者と接した状況によれば、彼らには苦労して働いて尊いものを得るという意識は見られず、できる限り楽をして、日々の生活を楽しもうとする意識が前面に出ている。将来の展望や目標を持つというよりは、現在が楽しければそれでよしとする「いま、ここ」の意識が濃厚である。「いま、もっとも関心のあるもの」というアンケートでは、「学校」関連の事項を挙げる学習者は半数以下にとどまる。特に「授業」「学習」への関心はきわめて低く、僅かに試験や成績に対する関心が挙げられるにすぎない。学校生活では、友人との語らいやクラブ活動への関心が高い。これに対して、マンガ、アニメーション、音楽、映像、ゲーム、お笑い、インターネット、SNSなどのサブカルチャーに対する関心の高さは、多くの学習者に共通する。

国語の授業を創造する際にはこのような学習者の現実を踏まえて、身体性に配慮したことばのコミュニケーションの成立や、個と集団との関係性の認識の確立などにつながるような学習活動を取り入れるような工夫が必要になる。そして、学習者のサブカルチャーへの高い関心という現実を考慮するとき、学校の価値観と学校外の価値観との乖離という現実が浮上する。すなわち、学校ではあくまでも学習中心の思考をすることから、「学習に関係のないものは学校に持ち込まない」という校則も存在する。授業中に隠れてマンガを読む学習者を発見すると、教師は即座に没収して厳しく注意を与えることになる。この事例からも明白なように、学習者が日ごろから親しんでいるサブカルチャーは、学習とは関係がないという理由から学校からは排除される方向にある。このような状況をめぐって、かつて森政稔が『知のモラル』(東京大学出版会、一九九六・四)に収録された「『学校的なもの』を問う」の中で指摘したことは興味深い。森は次のように述べていた。

学校は無数の規則を作り、遵守させようとしているが、熱心にすればするほど市民社会のルールから遠ざかっていく。実際、学校は市民社会のルールを教えるどころか、率先してこれを破っている。

もしも学校が「市民社会のルールから遠ざかっていく」ために、その学校から遠ざかっていく学習者が現れるとしたら、これほど皮肉なことはない。事実として学校の現場には、不登校、ひきこもり、校内暴力、いじめなどが根強く存在している。学校が「校門」に象徴される境界を越境して、市民社会のモラルを取り込む努力をするべきときがきたような気がしてならない。

そこで国語科の教材という次元において、学校外の「サブカルチャー」を学校の「メインカルチャー」とつなげる工夫をすることを提案したい。すなわち、学習者にとって身近なサブカルチャーを教材化して、「教材」として成立するギリギリの「境界線上」に位置付ける工夫である。そしてこのような目標のもとで教材化したものを、「境界線上の教材」と称することにする。境界線上の教材を授業に導入する最大の目的は、学習に対する学習者の興味・関心の喚起という点にある。本書の中で繰り返して取り上げる「楽しく、力のつく」授業の実践のための方略の一環として、境界線上の教材による授業改善を志向した具体的な実践を提案したい。

境界線上の教材には、次の二つの方向性がある。その一つは、主教材(本教材)として位置付けるという方向であり、これは境界線上の教材を直接学習の対象とすることである。具体的に論述するなら、ストーリーマンガを読むという活動を、文学作品を読むことと同様に実践するという方向である。いま一つは、副教材(補助教材)として位置付けるという方向で、ある学習を展開する際の補助的な教材として境界線上の教材を用いる。たとえば、『源氏物語』の理解を促すために、大和和紀のマンガ『あさきゆめみし』を教材化するという方向が、これに該当する。現段階の境界線上の教材は、主に第二の方向性が中心になっているわけだが、本研究では特に第一の方向性について、その可能性を多様な観点から検証してみたい。

境界線上の教材を用いた授業の特徴としては、トップダウン型の「垂直型」授業から「水平型」授業へとスムーズに移行できるという点が挙げられる。すでに教材に対する学習者の理解が十分になされているために、教師が教材の内容を教え込む必要はない。そこで学習者が自主的に教材を活用した授業が展開できるからである。ただし、境界線上の教材を導入するに際しては、常に「流行」だけではなく「不易」の要素に配慮した学習指導計画を練る必要がある。当然のことではあるが、国語科の範疇で学習が成立することが前提となることにも十分に配慮しなければならない。

3 産声をあげた「サブカル教材」

国語科の授業を改善するために留意すべきは、新教材の開拓という要素である。授業が面白くないと訴える学習者の声の中には、教材がつまらないからという理由を挙げる者が多い。教材の魅力のなさという点は、国語科に対する彼らの主体的な興味を喚起できない要因となっている。かつて福島章は『イメージ世代の心を読む』(新曜社、一九九一・一二)において、活字世代に対して生まれたときから映像によって育つ世代を「イメージ世代」として把握したが、もはやその数が膨大になって、「世代」という命名は馴染まなくなっている。映像によって育った学習者に対して文字によることばの教育を効果的に実践するためには、様々な工夫を凝らさなければならない。特に授業の中で絵やイラスト、写真、マンガ、映像などの視覚に訴える教材を積極的に活用して、視覚的な側面から授業を創造することは重要な方略の一つである。

現場の教師に求められるのは、まず教科書教材をいかに適切に扱うことができるかという力量であろう。当然のことながら、教材研究を徹底して、教材に対する理解を深めてから指導に当たる必要がある。授業が終了してからも、採点や提出物の評価などのきめ細かなアフターケアが求められる。しかしながら、いまの教育現場には生徒指導を初めとする多様な業務が山積していて、教科指導の準備やアフターケアのために確保できる時間はあまりにも少ない。「安定教材」と称される教材が教科書に根強く存在し続けることや、懇切丁寧な教師用指導書が支持されることの背景には、苛酷な現場業務の実態が見え隠れする。

国語科の授業で、学習者がまず初めに接するのは教材であるというケースが多い。教材は国語学習の入口になる。教材に接した瞬間、彼らにまず「面白い」という印象を持たせる必要がある。教材の段階で学習者の意識が離れてしまうと、いくら指導法を工夫しても授業の成立が困難な場合がある。学習者にとって魅力ある教材を用意することは、価値ある授業の成立に直結する。そのためには、教科書に収録された教材のみに依拠するわけにはいかない。現場の実態に即して、教師が自分自身の手で新しい教材を発掘するという努力が必要になってくる。

新しい教材の開発は、主に次の二つの方向から進めることになる。その一つは教科書教材との関連という方向から、いま一つは自主教材の開拓という方向からの発掘である。ある教科書教材を扱って、それと同じテーマに関する文章、もしくは同じ作者の文章を紹介するのは前者の方向となる。自主的に編成した単元において、独自の教材を用いた授業を展開するのは後者の方向である。本書では特に後者の方向から、新教材の開発について考えることにしたい。

価値ある新教材を開拓するためには、教師自身が幅広く多様な分野に関心を持つように心がける必要がある。日ごろから問題意識を持ちつつ視野を広くして、教材になり得るような素材を探さなければならない。第一の条件は、自らがまず興味を持つということである。そもそも指導者の側からして興味を持ち得ないような素材に対して、学習者に関心を持たせるというのは所詮無理なことと言えよう。だからといって、教師の関心を学習者に押し付けることはできない。可能な限り、教師の関心と学習者の関心とが接点を持つことが望ましい。そのためには、教師の側で努力をして、学習者の関心の所在について常に的確な認識を持つ必要がある。特に彼らが関心を寄せる分野に対しては、意識的にアプローチを試みるようにしたい。

わたくしは「サブカルチャー」と称されるメディアに目を向けてきた。それらのメディアに属する素材には、多くの学習者が共通して関心を寄せるものがある。そのような素材に対して、教師の側から積極的なアプローチを図ることにしたらどうだろうか。学習者と共通の興味を抱くことができれば、その「素材」は「教材」へと一歩近づくことになる。

素材が教材となるためには、当然のことながらそれを用いた国語科の授業が成立しなければならない。すなわち、その素材を使用した国語科の学習活動が成り立つことが必要条件となる。いくら魅力的な素材を発掘しても、その扱い方が見えない限りは教材にはなり得ない。素材を発掘したら、直ちにその教材化を試みる必要がある。

サブカルチャーに関わる素材に関連した教材開発は、その方面に不案内で習熟していない教師にとっては、苛酷な課題でもある。しかしながら、教師が権威を振りかざして教室に君臨する時代はすでに終わった今日、学習者の地平から改めて教材を発掘しようとする努力を惜しむことはできない。こうした分野からの教材開発によって、教師もまた学習者とともに成長することができる。この点もサブカルチャー教材(以下「サブカル教材」と称する)の重要な教材価値の中に含めて考えることができるはずである。本書では、何とか産声をあげたサブカル教材に着目してみたい。

2-2 ぎりぎりを攻める国語の授業

1 退屈な授業風景を変えるには――垂直型から水平型へ

国語科の授業は長きにわたって読解が主流になっている。教室で教材の文章を読んで、その内容について教師が説明を加えて学習者に理解させる。読んで、説明して、分からせて、暗記させるという形態の授業である。授業では、教師からの一方向的なメッセージ伝達が全体の大きな流れとなる。学習者は、専ら教師からのメッセージの受信に終始する。このような授業の多くは一斉授業という形態である。すべての学習者が黒板の方を向いて座るという教室の空間的な配置も、この授業形態を支えている。

その一方で、国語科におけるメディア・リテラシーの授業が話題になっている。ことばという媒体のみに限定されていた教材は、映像や音声メディアにまで領域を広げて、多様な形態の授業が展開されるようになった。コンピュータの飛躍的な進展に伴って、データベースやパワーポイントを用いたり、オンデマンド形態による授業が展開されたりと、国語教育もマルチメディアを活用して、新しい授業形態を取り入れつつある。伝統的な形態と新しい形態とが同居する現在、学習者の実態を的確に把握したうえで、改めて効果的な授業の在り方を模索しなければならない。

　特に小説のような文学的文章の学習指導は、一つの岐路に立たされている。授業において教師の発問に対する学習者の反応はきわめて鈍い。学年が進むにつれて反応が乏しくなる。小説の主題を考えるという類いの発問にはほとんど反応しない。指名されてもただ黙して下を向いたままである。何かを答えたとしても発表する声が小さくて、離れた席のクラスメートまでは届かない。教室全体が「待ち」の姿勢になっている。

　やむなく教師が解説を始めると、学習者は揃って反応する。何かを板書すると、決まって板書されたことをそのままノートに写す。赤い色のチョークで板書に傍線を引くと、ほとんどの学習者が赤い筆記用具で同じようにノートに傍線を引く。教師が、小説の主題を考えることは重要なことだなどと話そうものなら、彼らは即座に「試験に出る」というマークを付けることになる。ノートにはチェックペンで赤い線がいくつも引かれ、定期試験が近くなるころにはチェックシートを巧みに使用した「暗記」の学習が開始される。

　学習者は教師から一方的にメッセージが届くという形態の「垂直型」の国語の授業に、すっかり慣れてしまったかのようである。なおここで「垂直型」と称するのは、教師から学習者へ、教壇の上から下へ、という上下の関係を象徴する意味合いによる。ただし、彼らはこのような授業を決して歓迎しているわけではない。主体的な興味・関心を抱いて授業に向き合うことはない。「何故国語を学習するのか」と問うと、即座に「試験があるから」「評価されるから」という回答が戻ってくる。すなわち進学という実利的な目的意識のために、ひたすら授業に耐えているわけである。このような国語教室が活気に乏しいのは当然のことと言うほかはない。

教科書の教材を読んで、説明して、分からせて、暗記させる、という授業の形態は、暗記させた結果を定期試験で問うという場所へと帰結する。「試験勉強」はさらに上級学校の入学試験に対応するための「受験勉強」へと発展する。高校受験、大学受験という制度が、中学と高校の授業内容を大きく規定しているという事実も決して無視はできない。国語の授業は読解が多いという現実も、一つに入学試験の出題傾向が読解を主流にしていることと無縁ではない。入試制度の改善と同時に、評価の問題に対しても、根本的な見直しが急務である。

国語の教師は一般的に文学が好きである。教室で文学を語りたいと望んでいる教師は多い。そのような教師が、学習者を文学の面白さに開眼させることができれば効果的だが、教室はなかなか思うように盛り上がらない。教師の一方的な文学談義で授業が成立することはない。改めて学習者が楽しく取り組めて、なおかつ国語の学力がつくような授業を模索したいところである。

国語教室を伝統的に支配し続ける「垂直型」の授業は、学習者から主体的な学習意欲を奪うことになりかねない。彼らは自分自身で読んだり考えたりするよりも、まず教師の解説に耳を傾けようとする。そこでまず求められるのは、「垂直型」授業を「水平型」授業へとパラダイム転換することである。

ここでわたくしが「水平型」授業と称するのは、教師から学習者へという一方向のメッセージの伝達だけではなく、学習者相互、そして学習者から教師に向けて、さらに教材と学習者との間にもメッセージのやり取りがあるという授業を意味している。「垂直型」においては、教師はまさしく「教壇」という学習者よりも高い場所にあって、あたかも水が高い場所から低い場所へと流れるように、教師から学習者へのメッセージの伝達が授業の主流を占めていた。それに対して「水平型」では、メッセージの伝達は教師と学習者と教材の間でインタラクティブ(双方向)に行われる。このような授業形態において、教師は情報の発信者というよりは、むしろ様々な学習者からの情報を整理するコーディネーターとしての役割を担うことになる。

教室には三〇人から四〇人の学習者がいる。この「教室」という「場所」の特性にも留意しなければならない。言うまでもなく、教室にいる学習者は実に多様で、一人ひとりが独自の個性を持っている。ところが「垂直型」の一斉授業では、教師はこの四〇人に一律に同じメッセージを送り続ける。それを受け止める学習者の状況は一人ひとりが異なるはずなのに、教師・学習者ともにその差異を確認する余裕も意欲も見られない。

佐藤学編『教室という場所』(国土社、一九九五・一)に収録された「教室のディレンマ」において、佐藤は教室という場所の本質を次のように指摘する。

教室は、何かを教えたり学んだりして何事かを達成したり何かの価値を実現する場所として考えられているが、その過程で同時に、数々のディレンマに遭遇して対処を迫られ、いくつもの妥協を余儀なくされる場所でもある。

佐藤はこの「教室のディレンマ」を除去し抑制しようとする方向ではなく、ディレンマを生成している文脈を再構成すること、すなわちそれを生かす方向を提案する。わたくしは佐藤のいう「教室のディレンマ」を生かす方向として、「水平型」の授業を位置付けたいと思う。すなわち、教室には四〇人もの学習者が集い、そこには自ずと彼らの「文化」が立ち現れる。この「教室の文化」とも称すべき現象を生かす方向を、授業の中で実現する必要がある。

文学作品を読む授業を例に取るなら、教室にはまさしく四〇人それぞれの四〇通りの読み方が存在する。それらの読み方を交流させる場所を授業の中に設定したい。そこで彼らは同じ立場にある他のメンバーの読み方を聞いて、自身の読み方と比較することができる。メンバーの読み方に共感もすれば、反発もする。特に自分自身の読み方が見えてこないような場合には、他者の読み方は大いに啓発を与えてくれることだろう。そこに、「読みの交流」を通した「読みの深化」が実現することになる。

教室の構成員は、それぞれが独自の内面を有する学習者である。そこに生成する「教室の文化」を有効に活用するような授業を実現したい。そのためには、教師から発信されるメッセージを唯一絶対的な結論として受け入れるという受動的な「垂直型」の授業を越境して、インタラクティブなメッセージのやり取りを目指す「水平型」の授業が必要になる。「水平型」授業の中心となるコンセプトは、この「インタラクティブ(双方向)」という要素にほかならない。インタラクティブなメッセージの交流を実現するとき、学習者は主体的に授業に参加しているという意識を持つことができる。そこから、学習に対する意欲も生まれてくる。

「水平型」の授業では、一斉授業という形態にとらわれることはない。個々の学習者における学習とクラス単位の学習との中間に、グループレベルの学習を位置付ける。すなわち、四人から五人程度のグループを編成して、そのグループ単位の学習を展開する場面を積極的に確保することになる。このような形態によって学習者が授業に参加しているという意識は高まり、学習意欲を喚起することができる。退屈な授業風景を変えるために、「水平型」の授業を目指すようにしたい。

2 「サブカル教材」が「言語化能力」を躍進させる

現代社会の高度情報化はますます進展して、コンピュータを中心とする情報機器が急激に普及したため、学校教育とマルチメディアとの関わりについても検討を急ぐ必要がある。そのような状況下において、学力論議とともにメディア・リテラシーに関する論議も活発に行われるようになった。幼児のころから高度情報機器に囲まれた学習者は、活字を媒体とした在来のスタイルとは異なって、音声や映像を媒体とした情報に囲まれた環境で育っている。かつて福島章が「イメージ世代」と命名した子どもたちは、インターネットを中心としたさらに多様な「イメージ」の中で育成されて、新たにわたくしたちの前に立ち現れつつある。それは、イメージ・リテラシーの教育の必要性が問われる事態でもある。

国語教育は文字通り「ことばの教育」であり、国語教育で本来育成すべき学力は、ことばを話したり聞いたりする能力、書く能力、および読む能力ということになる。国語科では、ことばによって発信された情報を聞いたり読んだりして、その内容を適切に理解し、かつ的確に表現するという学力が求められるわけだが、高度情報化時代の到来は、情報の媒体をことばのみに限定して考えることを許さない。ことばに加えてイラストなどの図版を含む映像や音声を通して伝えられる多様な情報を、いかに速く正確に、受信かつ発信するかという能力が問われることになる。

ことばとともに映像や音声を通して伝えられる夥しい量の情報を受容したうえで、その内容を取捨選択して、本当に必要な情報を選択する能力、すなわち情報整理および情報処理のための学力が必要になった。「読むこと」や「聞くこと」の領域の中に、ことばとともに映像や音声を読んだり聞いたりする活動を組み込むことを検討しつつ、新しい高度情報化の時代に対応するための学力の在り方を問い直さなければならない。さらに「書くこと」の領域の中にも、文字に加えて絵や図を書くという活動を組み込む工夫も必要である。加えて、そのような図版を含む文章を、今度は分かりやすく説明するというプレゼンテーションの能力も必要となる。今後国語科の学力について吟味する際には、以上のような能力を含むメディア・リテラシーの問題を検討しなければならない。そこで、「サブカル教材」を通して育成可能な国語科学力の問題に目を向けてみたい。

タブレット端末やスマートフォンの普及により、映像がますます日常生活の中の身近な場所に浸透しつつある。ディスプレイを通して常に夥しい量の映像情報が配信される今日、文字よりも映像優位の社会環境の中で育った学習者を前にして、国語教育の在り方を大きく見直す必要も生じてきた。一方で、様々なメディアから際限なく送り続けられる情報を的確に整理して、批判的に受け止めかつ取り入れる能力としてのメディア・リテラシーに関わる授業が、教育の現場でも実践されるようになりつつある。本書では、学習者が高い関心を寄せる多様なサブカルチャーを教材化した「サブカル教材」を活用して、教育現場での教材開発と授業開発に関する提案を試みる。

その教材の教材としての価値を検討する際に、教材を通して育成できる国語学力の問題を避けて通ることはできない。そこで国語教育でサブカル教材をどのように扱うかを検討する際に、まずは授業において育成する学力について明らかにする必要がある。

そこで注目したいのは、浜本純逸が言及した「言語化能力」である。『国語科教育論』(溪水社、一九九六・八)において浜本は、ソシュールの「ランガージュ」が言語活動ではなくそれを可能にする能力だとする丸山圭三郎の考え方を確認したうえで、この用語に「言語化能力」という訳語を充当した。浜本はこの「言語化能力」を、「言語文化」「言語生活」「言語体系」の基盤にあってそれらを生み出し運用する人間固有の潜在的な能力であるとして、次のように述べている。

これからの国語科教育は、言語体系・言語生活・言語文化を生み出していく根底にある言語化能力に働きかけ、その能力を活性化し、より強力化していくことを目標とすべきであるということになろう。

同書において浜本は、その目標を達成するためには、「言葉の生まれる場に学習者を立たせ、言語化能力を目ざめさせ、豊かにしていくこと」が必要であるとして、「絵画・写真・テレビ・ビデオなどの映像を言葉化する表現活動をさせること」を提案した。

この提案を受けて、映像を教材化する際に、「言語化能力」の育成という目標を授業の中心に位置付けることを考えてみたい。映像から発信されるイメージやメッセージを、ことばによって理解しかつ表現するという活動を通して、「言語化能力」の育成を図ることが、授業の目標となる。

浜本はまた「言葉が生まれる場を設ける」(『月刊国語教育研究』二〇〇七・一〇)において、以下のように指摘した。

言葉という形式を、想を拘束するものではなく、想をより豊かにより伸びやかに展開するものとして、身につけ使えるようになりたい。／想を生み出し言葉にする力を育てるには、「言葉が生まれる場を設ける」ことが必要である。

この「言葉が生まれる場」を設定することによって、「言語化能力」の育成を目指すことができる。サブカル教材を用いた授業を構想する際に、いかにことばが生まれる場を設けるか、という課題はきわめて重要である。

学習者を取り巻く様々な映像を教材化して、国語教育の現場に導入する試みは多い。ただし国語科の授業として成立させることは、決して容易なことではない。浜本純逸の言う「言語化能力」のより詳細な分析を含めた研究が求められる。サブカル教材によって育成される国語科の主要な学力として、「言語化能力」を位置付けることにしたい。

3　社会を見渡せばヤル気の在り処が見える

国語教育において最も重視しなければならないのは、国語に対する学習者の興味・関心および学習意欲を喚起するということである。すべてはそこから出発する。学ぶという行為は本来楽しい行為であるはずなのに、学校で強制的に押し付けられる教科内容は苦痛以外の何者でもない。その点を克服しない限り、効果的な国語教育を展開することは困難である。興味・関心・意欲は学びの根源にあるもので、授業を通してそれらを喚起できるようにまず工夫する必要がある。わたくしはこれらを「学びへと向かう意志」として把握したうえで、その意志を育てることを主要なテーマとして、具体的な方策を考えることにした。

例として作文指導の場合について考えると、まず配慮すべき点は学習者の「書くことへと向かう意志」を育成できるような力のある教材を発掘することである。表現意欲を喚起するために、子どもたちの「いま、ここ」を大胆に取り込んだ教材開発を目指したい。その中には、サブカルチャーに属する素材が多数含まれている。すなわち、多くの学習者が関心を寄せるメディアを積極的に取り入れて、国語科の教材として成立するぎりぎりの境界線上に位置付けてきた。教育的見地から常に批判の対象となるゲームのような素材も、意図的に教材化してみる。ゲームの中に内在する子どもたちの心を引き付ける力に注目するからである。ただし自明のことではあるが、ゲーム自体を教室で扱うわけではない。あくまでも、学びへの意欲を喚起するための装置として位置付けることになる。

続いて、学習者を書くことの活動へと自然にいざなうことが大切である。そのためには学習課題を工夫しなければならない。彼らが意欲を持って取り組むことができるような作文の学習課題を開発することは、授業の出発点である。学習者の関心に即した、また難易度も彼らのレベルにふさわしい課題を提供することによって、円滑な学習への導入が実現できる。

授業の内外で、必ず「書く」という具体的な活動の場面を設定することも重要である。学習課題を通して実際に書く場所を設定することは、作文指導の基本と言えよう。文章表現力は書くという活動によって育成される。その実際の活動の中から、さらに新たな表現意欲が生まれてくる。書く活動自体の面白さを発見し、学習者が主体的に書くという課題に取り組むように仕向けることこそ、作文指導の工夫にほかならない。

学習者が個人で書いた作文は、グループおよびクラス単位の検証を経て、再度個人へとフィードバックしたうえで、よりふさわしい表現に向けての視野を開くようにしたい。グループ学習を積極的に取り入れて、個人、グループ、そしてクラスの各段階での学習が成立し、それらが相互に交流することによって、学習の効果をあげることができる。

スマートフォンによって、メールやラインという表現および通信の手段が普及している。子どもたちが意欲的にメールの送受信を繰り返すという事実に目を向けて、表現へと向かう意志の存在を確認しておきたい。そこには、情報のインタラクティブ性という特性が浮上する。すなわち情報を一方的に送信するのではなく、相手からの返信を期待するという意志を見ることができる。このような双方向の交信を可能にするという要素をメールの特性として把握し、それを教室での作文教育に取り入れたのが「交流作文」であった。相手を想定して書くこと、そして相手の反応に即して書くことは、今日のメールにおけるコミュニケーションにつながる。学習者の生活する「いま、ここ」の文脈の中から適切な状況を取り上げて、学習のテーマとする。そのテーマをめぐって異なる学年の間でのインタラクティブなメッセージの交流を実現することによって、学習者の書くことへと向かう意志は活性化する。

まず学習者の日常から作文へと向かう姿勢を育成し、国語科の授業時には常に「書くこと」の場所を自然な形で設けることによって、無理なく書くことへと向かわせるようにする。そして作文の授業では、彼らのいる「いま、ここ」と学校とを隔てる境界を越えて、書くという活動へといざなう。そのために、興味・関心を十分に喚起し得る教材を用意する。そして彼らが抵抗なく、書く活動をすることができるように、取り組みやすい学習課題を提示する。授業中もしくは授業時間外にでも、実際に書くという活動を取り入れるというのは当然のことである。かくして書かれた作文は、グループレベルで相互評価を実施し、クラス全体においても内容と表現の両面について吟味する場を設けることにする。そして最終的には個人へとフィードバックして、表現を磨くことができる。教室には異なる個性を有する多くの学習者が集まっている。そこにはおのずと独自の「文化」が生成される。わたくしはそれを「教室の文化」と称しているが、この「教室の文化」を生かした評価を実施することも、「書くこと」の授業構想に含めておきたい。

子どもたちは本来、書くことが好きなはずである。もしも学校で作文教育を受けることが、彼らから書くことの楽しみを奪ってしまうとしたら、それはまさに本末転倒というべきであろう。彼らが自らの生きる現実の中で少しずつ育んできた書くことに向かう意志を学校では大切にして、より広く大きな表現意欲を育てる必要がある。

いま作文指導を具体例として取り上げてみたが、国語科の授業に対する学習者の興味・関心喚起のための方略を探るためには、広く現代社会のエンターテインメントに視野を広げる必要がある。たとえばテレビ番組、ＣＭ、テーマパークなどがどのような戦略でエンターテインメントを提供しているのかを調べることは、授業開発のために様々なヒントを与えてくれる。すなわち、社会を見渡せばヤル気の在り処が見えてくるのである。現代社会の様々な事象に目を向けつつ、魅力溢れる教材および授業を開発したい。

2―3　身近な素材からの錬金術

1　「素材」が「教材」にかわるとき――大学院生の「こんな授業がしたい！」の構想

国語科の効果的な授業を成立させるために、どのような教材を使用するかという課題はきわめて重要である。学習者の興味・関心が喚起され、国語科の学力育成に資するような教材が求められる。教材の段階で学びの意識が離れてしまうと、指導法を工夫しても授業の成立が困難な場合がある。学習者にとって魅力ある教材を用意することは、価値ある授業の成立に直結する。そのためには、教科書に収録された教材のみに依拠するわけにはいかない。現場の実態に即して、教師が自身の手で新しい教材を発掘するという努力が必要になってくる。

ところでわたくしは、二〇〇二年度から継続して早稲田大学大学院教育学研究科において「国語科教育特論」という科目を担当している。この科目において、国語科の教材開発および授業開発に関する様々な考え方を紹介しながら、履修した院生とともに「境界線上の教材」の可能性を模索してきた。科目の履修者は毎年一五名から二〇名だが、国語教育の研究室に所属する院生だけでなく、日本語・日本文学の研究室に所属する院生が多いのが特色である。

日本語学や日本文学、中国文学などの国語科の教科内容に関わる研究室に所属する受講者が含まれることから、多様な分野からの教材開発が期待できる。さらに、履修者には毎年現職の国語科教員も含まれているため、教育現場の実態を勘案し、さらに提案された教材や授業の構想が果たして教室で実際に活用することができるのかどうかという問題を、現職教員の視点をも含めて検証することができる。

「国語科教育特論」の授業は、まず担当者からの話題提供から出発する。国語教育に関わる比較的新しい話題を取り上げて、先行研究の紹介を含めて様々な情報提供をしたうえで、その話題に関する受講者のディスカッションを展開することにしている。取り上げるテーマは多岐にわたるが、その中に必ず教材開発および授業開発に関するテーマを取り入れることにしている。例年の授業では、教科書編集の話題から教科書の検定や採択の制度などを紹介して、自主教材開拓の必要性に言及している。

授業で取り上げたいくつかのテーマと、それに対する担当者からの問題提起を踏まえて、授業の後半には、個々の受講者に、自らの関心に即した教材の提案と、その教材を用いた授業構想の提案を依頼する。一時間につき一名もしくは二名の受講者が提案をして、引き続きその提案をめぐっての意見交換を実施する。

発表者には、まずその発表で使用する教材に関わる理論的な位置付けを各種の先行研究を用いて試みたうえで、教材と授業を具体的に提案することを依頼した。なお授業の対象とする校種や学年は、発表者の判断に任せることにした。

国語科の教材開発および授業開発に関わる大学院生からの提案は、新しい素材が意欲的に取り入れられていて刺激的なものである。大学院生の関心の所在を知ることができると同時に、実際の教材開発および授業開発に生かせる着想を学ぶこともできる。そこで、以下に二〇〇九年度および二〇一〇年度に「国語科教育特論」を履修した院生が提案した具体的な教材の案を紹介しながら、国語科における教材開発および授業開発の可能性を探ることにしたい。

二〇〇九年度および二〇一〇年度の履修者から提案されたテーマおよび主な教材は、次ページ以下の「表1」・「表2」の通りである。なお、掲載の順序は、授業での発表順であり、番号は発表の順序に従って便宜的に付したものである。まず発表のテーマを掲げてから、その中で提案された主な教材について概要を紹介する。複数の教材が提案された場合には、その中の主要なもののみを掲げることにする。なお教材の下に《　》を付して記したのは、その教材のジャンルである。続けて、どのような授業が提案されたかということを簡潔に紹介する。

2　大学院生から提案された教材と授業の特徴

大学院生から提案された教材と授業の構想の全体的な特徴について、概観することにしたい。

まず、院生から提案された教材のジャンルに着目すると、次のような状況である。

	提案された授業の概要
	『1Q84』の分析を通して，語りのリズムおよび語り直しという特色を把握したうえで，千原ジュニアの「すべらない話」を聞いて文章にする．
	投書を読んで，意見を論理的に伝える方法を考えたうえで，テーマを決めてグループで意見文をまとめる．
	「Daybreak」の歌詞の特徴を整理したうえで，歌詞を創作する．
	日本語に関する外国人の質問を取り上げて，グループで回答を協議し，発表する．
	「銀河鉄道の夜」の一場面を原作，マンガ，映像でそれぞれ鑑賞し，各メディアの特徴について考える．
	ライトノベルと少年小説の同じ題材を扱った場面を読み比べ，発見したことを整理する．
	マンガを読んでからその場面に関わる小説の一節を読み，それぞれの特色について考える．
	『義経記』『平家物語』の一場面を読んだうえで，落語「源平盛衰記」の本を読み，登場人物の人物像を比較して，オリジナル版を創作する．
	中国語の話題から漢字表現の特質を紹介し，身近な歌詞を漢詩にしてみる．
	ラーメンズの公演を聴いてその特色を理解し，それを生かしてコントを創作する．
	グループごとに JR 東海の CM を検討して，何が省略されているかについて話し合い，発表する．
	ツイッターの特色を理解したうえで，それを利用してグループごとに創作活動を展開する．
	メタ言語能力を育成するための一つの授業構想として，ワープロソフトやケータイを用いた誤変換の例を挙げて，そこからもとの表現を類推する．
	五節句についていくつかの資料を紹介したうえで，グループで分担して調査をしてそれぞれの特徴を発表する．

表1　2009年度に提案された教材と授業の構想

	テーマ	主な教材
①	他者の「語り」を，私が「書く」こと—『空気さなぎ』と『すべらない話』	村上春樹『1Q84』book 1, book 2, 千原ジュニア「兄・せいじ　新幹線にて」《小説，お笑い》
②	高等学校における「新聞」を活用した受信・発信型授業の構想—「新聞に投書してみよう」	新聞の投書《新聞》
③	歌詞を活用した表現授業の構想—言葉を意識的に捉える	浜崎あゆみ「Daybreak」《歌詞》
④	「日本語学習者の質問例」を使用した国語授業案	『日本語を教える4・外国人が日本語教師によくする100の質問』《日本語教育》
⑤	メディアミックスを活用した授業構想—『銀河鉄道の夜』から表現方法を学ぶ	宮沢賢治の原作，ますむらひろしのマンガ，杉井ギサブロー監督の映画，秋原正俊監督の映画.《物語，映画》
⑥	情報の海に呑み込まれないための力をつける授業試案—ライトノベルと戦前の少年小説の比較読み	神楽坂淳『大正野球娘.』，佐藤紅緑「ああ玉杯に花うけて」《小説》
⑦	虚構の中の虚構を通して—美内すずえ『ガラスの仮面』における樋口一葉『たけくらべ』	美内すずえ『ガラスの仮面』，樋口一葉『たけくらべ』《マンガ，小説》
⑧	「古典に親しむ」ための国語科授業案	『義経記』『平家物語』，落語「源平盛衰記」《古典，落語》
⑨	漢字・漢文に親しむための授業構想—漢字・漢文で表現してみよう	中国語における外来語訳の例，グループで選んだ日本語の歌の歌詞《歌詞》
⑩	日本語の音を楽しむ—「話すこと・聞くこと」に繋げる導入として	ラーメンズの第14回公演「STUDY」より「QA」《お笑い》
⑪	広告「そうだ　京都，行こう.」を用いた「読むこと」の授業構想—「省略」は想像／創造のスイッチ	JR東海ポスター広告「そうだ　京都，行こう.」の写真とコピー《CM》
⑫	What's writing?　Twitterで小説を書こう—「明日」の国語教室・試案	ツイッター《ツイッター》
⑬	「メタ言語能力」を育む国語授業へ	誤変換コンテスト《ケータイ》
⑭	比較で親しむ古典授業案—年中行事と五節句に触れる	『源氏物語』『枕草子』など，大和和紀『あさきゆめみし』，岸田恋『マンガ源氏物語』などから五節句を含む箇所，五節句に関する絵・写真，お菓子のレシピ《古典，マンガ，写真など》

	提案された授業の概要
	テレビCMを1編選択してその特色を分析し，その結果を参考にしてCMを創作する．
	古典落語をDVDで鑑賞し，その特徴を把握したうえで，グループで台本を作成し，上演する．
	「ダイナマイト関西」のDVDを鑑賞して大喜利のイメージを把握し，あらかじめ「お題」を与えて，グループで実際に大喜利を実施し，最後に感想文をまとめる．
	グループごとに担当箇所を割り当てて，いくつかの観点から研究を加え，全体の構造図とあらすじをまとめる．
	吉本ばなな『TUGUMI』を読んで印象に残った点を確認し，それをデザインしたブックカバーを作成する．
	提示された絵本の絵の中から好きな絵を選択して，その絵をもとに説明文と物語文を書く．
	『たけくらべ』を読んだうえで，マンガ『ガラスの仮面』に登場する劇中劇の2つの劇団による劇を比較し，考えたことをまとめる．
	ある用語について，自分で考えて辞書の説明を創作し，他のメンバーやウィキペディアの説明と比較する．
	ゲームの画面を紹介しながら，ゲームをもとにした寸劇を創作する．
	「東京」というタイトルの異なる歌詞を配布して，それぞれに表現された東京のイメージを確認したうえで，自身で歌詞カードを書く．
	ケータイメールの絵文字について，様々な観点から検討して，表現の特色に迫る．
	吉本ばなな『TUGUMI』と伊集院静『機関車先生』をそれぞれ原作と映画で鑑賞し，作中に出てくる手紙について取り上げ，実際に手紙を書く．
	曲を聴いてタイトルをつけ，印象をまとめる．実際のタイトルと比較する．
	論説文を読んで二項対立について理解し，それを活用して商品のカタログから商品についての評論文を書く．
	「謎かけ」を紹介して親しんだうえで，実際に謎かけに取り組む．
	ラーメンズのコント「条例」を読んで，DVDで鑑賞したうえで，グループごとに「条例」を考えて上演を工夫する．

表2　2010年度に提案された教材と授業の構想

	テーマ	主な教材
①	テレビCM教材化の可能性を探る	テレビCM《CM》
②	落語を演劇化する授業構想—「古典の世界を楽しむ」導入として	古典落語《落語》
③	作文指導へ繋ぐ「大喜利」の活用—「話すこと・聞くこと」から「書くこと」へ	大喜利のDVD《お笑い》
④	「作文」から「論述」へ—少女マンガを用いた授業構想	椎名軽穂『君に届け』《マンガ》
⑤	ブックカバーをデザインしよう！—読書感想文の形を変えて	吉本ばなな『TUGUMI』《小説》
⑥	「書く」授業への提案—「物語文」「説明文」への導入	モーリス・センダック『かいじゅうたちのいるところ』その他の絵本の絵《絵》
⑦	教科書採録の文学教材と少女マンガの読み比べ—「たけくらべ」の授業提案	樋口一葉『たけくらべ』，美内すずえ『ガラスの仮面』《小説，マンガ》
⑧	Wikipediaと比較した事典づくり—「Wikiをコピペ」しないで，自分のことばで説明する	ウィキペディア《インターネット》
⑨	新たな教材を探して—テレビゲームを教材にするため	テレビゲームの話題《テレビゲーム》
⑩	J-POPの歌詞を読み解く—「東京」をテーマに学び合う授業	「東京」というタイトルの歌の歌詞(36編)《歌詞》
⑪	携帯メールの絵文字から考えた「書く」授業の可能性—絵文字から読み取ったものをことばに書いてみよう	ケータイメールの絵文字《ケータイ》
⑫	「手紙」の在り方—視聴覚教材を用いて「手紙」の重要性を伝える	吉本ばなな『TUGUMI』，伊集院静『機関車先生』，それぞれの映画化されたDVD《小説，映画》
⑬	「音楽」を読み解く—JAZZを聴こう	ジャズの曲《音楽》
⑭	商品カタログをもとに評論文を書く—論理的思考力に気がつく	山崎正和「水の東西」，好きな商品のカタログ《論説，CM》
⑮	謎かけを用いた語句・語彙指導で語感を磨く—授業とかけて学習者である子どもたちと解く	Wコロン「なぞかけで『脳活』！」《お笑い》
⑯	「戯曲」として「コント」を読む—戯曲とコントに関するいくつかの考察	小林賢太郎「小林賢太郎戯曲集 STUDY ALICE TEXT」《お笑い》

	実際にコントを鑑賞してから，コントの台本を創作し，発表する．
	『不思議の国のアリス』の一場面を読んで，特徴を考える．丸山の言語論を読んでそれを生かした物語を作る．
	日本語教育におけるロールプレイの方法を活用して，話しことばの指導を展開する．

カッコ内にはそのジャンルを選択した院生の数を記入したが、その数が多いものから順に紹介し、一人しか選択していないジャンルは割愛した。またその後の論述において、「二〇〇九①」のように示したのは、「二〇〇九年度の①の提案」を意味するものである。

1 物語・小説(8)　2 お笑い——(6)
3 マンガ——(4)　4 歌詞——(3)
5 CM——(3)　6 日本語教育(2)
7 映画——(2)　8 古典文学—(2)
9 落語——(2)　10 ケータイ—(2)
11 論説——(2)

以上が、複数の院生から提案された教材ということになる。最も多くの院生が選んだのは「物語・小説」であった。これに「古典文学」と「論説」を加えると、全受講者三三名の三六パーセントに及ぶことになる。これは、たとえば「二〇〇九⑤」や「二〇〇九⑦」「二〇一〇⑦」「二〇一〇⑫」のように、小説をマンガや映画と比較するという提案が多い。オーソドックスな言語教材を、ユニークな指導法によって扱うことを意図した結果と思われる。「二〇〇九⑧」のように特に古典を提案したのは、日本古典文学や中国文学

⑰	イメージを言語化する授業構想―コント台本を創作する(知人の放送作家との共同提案)	コント《お笑い》
⑱	わからない「評論文」から,わかる「評論文」へ―「言語論」のパースペクティブをつかむ	ルイス・キャロル『不思議の国のアリス』,丸山圭三郎『言葉と無意識』《物語,論説》
⑲	生徒の「気づき」を生かす話し言葉指導―日本語教育におけるロールプレイの指導方法を用いて	日本語教育関連の文献《日本語教育》

を専門的に研究する研究室に所属する院生であった。日ごろの研究成果を教材開発に反映させるべく、工夫したことになる。

続いて「お笑い」系列の素材を教材化するという提案が多いのが特色である。二〇一五年現在、テレビ番組の多くが「お笑い」関連の内容になっていることからも、若い世代を中心に多くの人に親しまれていることが分かる。とりわけ「二〇一〇③」の「大喜利」や「二〇一〇⑮」の「謎かけ」を取り入れた提案からは、話題になったお笑い芸人の出し物や、テレビ番組の影響を見ることができる。また「二〇〇九⑩」や「二〇一〇⑯」は、人気のあるお笑い芸人の出し物が教材化されている。これらの「お笑い」系列の教材は、学習者の興味・関心を喚起することはできるものの、その扱い方や評価の観点などについては、慎重に検討されなければならない。

次に多く取り上げられたのは「マンガ」、続いて「歌詞」と「CM」である。「マンガ」に関しては、たとえば「二〇〇九⑤」や「二〇〇九⑦」のように文学作品をもとに描かれたものを、もとの作品と比較して読むという構想と、「二〇一〇④」のようにマンガそのものを読むという構想に分かれた。

「歌詞」は、「二〇〇九③」や「二〇一〇⑩」のように、詩歌と同様に読んでその特徴をとらえるという活動が多い。そして、創作的な活動も授業構想に含まれている。「CM」も基本的にはこれと同じで、「二〇〇九⑪」や「二〇一〇①」のように特徴を把握するという活動が提案され、特に後者ではCM創作という課題が加わっている。

これまで複数の院生が提案したジャンルを紹介したが、この他にも注目すべき特色がある。それは高度情報化が加速する時代を反映した教材開発である。「二〇〇九⑬」と「二〇一〇⑪」ではケータイに関連した提案がなされ、さらに「二〇〇九⑫」では「ツイッター」、「二〇一〇⑧」ではネット上の辞書「ウィキペディア」の教材化が提案されている。今回は紹介できなかったが、過去の授業では「ブログ」の教材化を提案した院生がいた。このようなインターネットを生かした教材開発も、今後の課題と言えよう。

さらに、「二〇〇九④」や「二〇一〇⑲」のように、日本語教育における教材と授業を参考にしたり、「二〇〇九⑨」のように中国語を活用したりして、教材開発と授業開発を工夫した院生もいた。いずれも、これから積極的に目を向けてみたい分野である。

続けて、授業開発に関して全体的な特徴を概観しておきたい。今回紹介した大学院生が提案した授業は、その多くが表現の活動を伴うものであった。特に、教材の特色を学んだうえで、その特色を生かした表現を試みるという形態の指導過程が目立っている。「二〇〇九②」を例にすると、新聞における読者の投書を教材として、まずそれを読んで効果的な表現方法を学んだうえで、それを生かして実際に意見文を書くという形態の授業である。

さらに表現活動の内実を詳しく見てみると、創作的な活動へと展開する授業構想が多いことに気づく。この創作的な活動は、国語科の学習指導要領にも登場する。二〇〇九年版高等学校学習指導要領では、複数の科目の言語活動例に創作的な活動が位置付けられている。「創作的な活動」という用語がそのまま用いられるのは選択科目の「現代文B」で、次のような文言になっている(傍線は引用者による。以下同じ)。

ウ　伝えたい情報を表現するためのメディアとしての文字、音声、画像などの特色をとらえて、目的に応じた表現の仕方を考えたり創作的な活動を行ったりすること。

これに加えて、実質的に「創作的な活動」に相当する言語活動例が含まれている。必履修科目「国語総合」の「書くこと」においては、以下のような言語活動例がある。

ア　情景や心情の描写を取り入れて、詩歌をつくったり随筆などを書いたりすること。

続いて「読むこと」の言語活動例にも、次のような内容が含まれている。

ア　文章を読んで脚本にしたり、古典を現代の物語に書き換えたりすること。

文章を「脚本」にすること、そして「古典を現代の物語に書き換え」ることも、「創作的な活動」の範疇に含めて考えることができる。ここでは、表現する言語活動を通して読みの深化を実現することが目指されている。

選択科目では、先に紹介した「現代文B」のほかにも「国語表現」に、「創作的活動」に関わる次のような言語活動例が見られる。

イ　詩歌をつくったり小説などを書いたり、鑑賞したことをまとめたりすること。

このように、大学院生の提案に多く含まれた創作的な活動は、学習指導要領でも取り上げられていることが分かる。国語科の授業で創作的な活動を取り入れることの最大の効果は、学習者の興味・関心および学習意欲の喚起ということである。学習者の現実に即した教材を開発した際に、授業に創作的な活動を取り入れることによって、より多くの効果が期待できる。

国語科教育を学習者にとってより親しみやすく、身近なものにするために、教材開発と授業開発は不可欠である。定番化した安定教材を、教師用指導書に紹介されたような指導法によって扱うだけでは、学習者の真の興味・関心を喚起することは難しい。学習者にとって楽しくそして学力が育成されるような教材開発および授業開発に向けて、国語教師の責任は甚大である。

特に学習者の興味・関心がどこにあるのかを知るために、彼らの世代に近い大学院生の着想には参考に資するものがある。本項では、国語教師が彼らの工夫から学ぶことができる要素を抽出してきたが、最後にそれらの要素を総括したうえで、今後の課題を整理しておきたい。

大学院生からの提案で着目すべき第一の要素として、マンガや音楽などのいわゆるサブカルチャー、および「お笑い」など若い世代から支持された分野に、幅広く目配りがなされた点が挙げられる。これらのサブカルチャーは、学習者の世代も共通して関心を有するもので、果敢な教材化を試みることによって国語科の学びへの動機付けができる。

第二に学ぶべき点は、高度情報化に関わって、ケータイやインターネット、すなわちツイッターやウィキペディアなどの教材化が試みられたことである。教師の世代とは異なって、生まれたときから高度情報化の社会で育ってきた学習者は、日常生活の中でこれらのメディアにごく自然に接している。そこに目を向けた教材開発には、大いに着目すべき要素がある。

そして第三に指摘したいのは、日本語学や日本文学、中国文学などの国語科の教科内容に関わる分野を専攻する大学院生として、自らの専攻分野を常に意識した教材開発を心がけた点である。それによって、小説、論説や古典文学などのジャンルにもしっかりと目配りをしたことに着目したい。すなわち、単にサブカルチャーのような「流行」のみにこだわるのではなく、従来から教材化されてきた「不易」な素材をともに検討した点が重要である。ここには、まさに教材開発の基本的な方向性を確認することができる。学習者の関心を尊重するあまり、「流行」の素材のみに目を向けるのは避けなければならない。しっかりと伝統的な教材の特性を踏まえたうえで、教材化を目指すべきである。以上の三点を総括として確認しておきたい。

続けて、今後に向けての課題として明らかになった点にも言及する。それは大別して三点ある。わたくしは新しい教材の開拓は教科書教材との関連という方向から、そして自主教材の発掘という方向から、それぞれ進める必要があると述べたうえで、主に後者の方向について考えるために院生の着想に学ぶことにした。ただし、前者の方向をも十分に踏まえた教材開発の必要性があることが明らかになった。それが第一の課題である。今後の授業では、その点にもより深く配慮するように促すことにしたい。

この点は、そのまま授業開発の課題にもなる。すなわち、年間指導計画としての位置付けの問題である。大学院生から提案された授業は、多くが一時間から三時間程度の単発的なもので、教育現場では「投げ込み」の扱いで実践できるものが多い。ただし、実際の授業では年間指導計画に即した位置付けが求められる。教科書教材を扱う授業とのバランスも含めて、きめ細かな指導計画を策定する必要がある。

今後の課題の第三点として、評価の問題がある。「国語科教育特論」における院生の提案をもとにした研究協議でも、評価の問題は重要な課題として認識されていた。評価の問題を考える前提には、その教材および授業を通して、どのような国語科の学力が育成できるのかという、学力の問題と向き合う必要がある。目標をどこに定め、それをどのように評価するのかという基本的な課題を検討しなければならない。

以上の三点を今後の課題として確認したうえで、改めて国語教育の可能性を問い続けたい。以下の章では、わたくし自身が開発したサブカル教材とそれを用いた授業の実際について紹介する。

第3章

マンガ×国語＝？

3-1　マンガ教材の可能性

1　何故いまマンガと教育の問題を考えるのか――学習指導要領は？

二〇一〇年一〇月に鳴門教育大学で開催された全国大学国語教育学会大会の「課題研究発表」では、『「メディア」から国語教育の研究と実践を展望する」というテーマで、高木まさきをコーディネーターとして、今井康雄、水越伸、中村敦雄の各氏が登壇した。この発表において水越は、メディアの水位の高さに学校という制度の堅牢さが対応していないことの問題を指摘した。氏は携帯電話を一つの具体例として、学校が携帯電話の持ち込みを禁止するという事実を指摘し、その問題点に言及したのである。もちろん、携帯電話の持ち込みを許容したとしても、それで問題が解決することはない。しかしながら、学習者を取り巻くメディア環境の実態と、学校での学びとの間に乖離がないかどうか、検証する必要はある。

マンガと教育の問題を考えるときにも、まさにこの問題は一つの重要な視座となり得る。すなわち学校という制度の堅牢さは、マンガというメディアをも排斥しかねない。持ち込みが禁止されたり、学習者が教室でマンガを読んでいると没収されたりするという学校の現実は、そのことを象徴的に物語っている。マンガは一般的に、学校文化には馴染まないものとして認識されている。

その一方で、マンガを専門に研究するコースを設置する大学が増え、二〇一一年には「日本マンガ学会」が設立され、二〇一三年にはその中の一つの部門として「マンガ教育部会」が設置されている。マンガに関する研究も確実に増加傾向にある。さらに、学習指導要領にマンガが登場するというのもまた事実なのである。一九九八年版中学校学習指導要領の「美術」において、「漫画」が取り上げられた。すなわち「第2学年及び第3学年」の「内容」の「表現」において、以下のような事項が取り上げられている。

エ　表したい内容を漫画やイラストレーション、写真・ビデオ・コンピュータ等映像メディアなどで表現すること。（傍線は引用者による。以下同じ。）

ここでは表したい内容を表現するための方法の一つとして「漫画」が位置付けられている。この方向に関しては、その後の二〇〇八年版「美術」でも継続して取り上げられている。すなわち「指導計画の作成と内容の取扱い」において、各学年の「表現」の配慮事項として、以下のように規定されている。

ウ　日本及び諸外国の作品の独特な表現形式、漫画やイラストレーション、図などの多様な表現方法を活用できるようにすること。

このように、学習指導要領の特に表現の領域で取り上げられているわけだが、これを受けて教科書教材の中にマンガが登場したことにも着目したい。さらに国語教育においても、マンガを教材とした教育実践が展開され、報告されている。有名な実践として、「いきいきと話す」(『大村はま国語教室・第2巻・聞くこと・話すことの指導の実際』筑摩書房、一九八三・三)で報告されたように、大村はまの「いきいきと話す」という単元がある。そこでは、根本進の四コママンガ「クリちゃん」が教材となった。

以下、具体的に国語科教材としてのマンガについて考えてみたい。まず、教材としてマンガを扱う際に考えられる方法は、大別して以下の二つである。

①　マンガを「補助教材(副教材)」として扱うこと。

②　マンガを「主教材(本教材)」として扱うこと。

前者には多くの先行実践がある。たとえば、古文の授業で『源氏物語』を扱う際に大和和紀の『あさきゆめみし』を参考にすると、物語の展開や作品の背景がよく理解できるという実践例に象徴されるものである。この場合の主教材は『源氏物語』で、その理解を促すための補助教材として『あさきゆめみし』というマンガが取り上げられることになる。漢文の授業で故事成語を扱う際に四コママンガを紹介して構成の理解の補助にするということも、よく行われる。あくまでも主教材の内容の理解を深め、興味・関心を喚起するための補助教材として、マンガは使用されている。

特に注目したいのは第二の扱い方、すなわちマンガを主教材として位置付けることにほかならない。先に触れた大村の実践も、「いきいきと話す」という学びのための主教材として「クリちゃん」が使用されていた。

ここで再度学習指導要領の話題を取り上げてみたい。二〇〇八年版中学校、二〇〇九年版高等学校の学習指導要領では言語活動が重視され、言語活動例が「内容」として示されている。ここでは高等学校の「国語」を具体例として考察する。一九九九年版との比較という観点から二〇〇九年版高等学校学習指導要領の言語活動例を眺めるとき、「図表」および「画像」という用語に着目することができる。ＰＩＳＡ調査において「連続型テキスト」の言語だけではなく、図や表などの「非連続型テキスト」に光が当てられ、それが二〇〇九年版学習指導要領にも反映されて「図表」や「画像」という用語が登場したと見ることができよう。以下、どのように取り上げられているのかを具体的に確認することにしたい。

必履修科目「国語総合」の「読むこと」の言語活動例には、次のような記述が見られる。

イ　文字、音声、画像などのメディアによって表現された情報を、課題に応じて読み取り、取捨選択してまとめること。

ここでは「文字、音声」による言語情報とともに、「画像」という映像情報が取り上げられている。続いて選択科目の「国語表現」では、次のような言語活動が含まれている。

オ　話題や題材などについて調べてまとめたことや考えたことを伝えるための資料を、図表や画像なども用いて編集すること。

ここでも「国語総合」で取り上げられた「図表」と「画像」がともに取り上げられている。ただし、「図表や画像などを用いて」ではなく「なども用いて」ということで、「図表や画像」は言語を補完するための位置付けになっていることにも注意しなければならない。以上の引用から明らかなように、学習指導要領に示された言語活動例には、「図表」および「画像」が明確に位置付けられている。文字言語や音声言語にとどまらず、図表や画像によって表現されたメッセージを理解することが求められていることになる。そして理解するだけではなく、図表や画像を用いて表現するという言語活動をも工夫することとされている。

このような言語活動を展開するためには、まず授業において「図表」や「画像」が用いられた教材を開拓する必要がある。それらを的確に理解することを目標とした授業を工夫したい。さらに、「図表」や「画像」を用いて表現する機会を授業の中に設定し、学習者が興味・関心を持って取り組むような学習課題の設定が求められている。そこで、一般に学校文化には馴染みにくいとされるマンガを受け入れる素地が確実に整えられつつある。次に国語科教科書での扱いを見てみたい。

2　マンガが教科書！マンガが入試！　の是非

二〇一五年現在、中学校と高等学校の現場で使用されている国語科教科書の中に、マンガを教材として採録しているものがある。まず中学校の教科書から具体例を取り上げる。

中学一年生用の教科書『中学生の国語』(三省堂)に、植田まさしの『コボちゃん』が教材化されている。「梅雨時の動物」という見出しがついたマンガで、教科書には「この話のおもしろさを、せりふとト書きに着目して説明してみよう」という学習課題が付けられていた。この教科書の教師用指導書(TM)を参照すると、このマンガ教材採録の意図は、「題材の捉え方や意外性のある物語のつくり方について感想を交流し、ものの見方や考え方を深めること」にあるとされている。さらにTMにはこのマンガ教材について、「1年生にとって、興味や関心を喚起し、学ぼうとする意欲が向上するに違いない。漫画や写真を活用して、説明したり、物語をつくったりすることで、豊かな想像力を養ううえでも格好の教材といえる」と述べられている。四コママンガを読んで、その「おもしろさ」を理解したうえで、「せりふとト書き」に着目するという手掛かりを経て「説明」するという言語活動が目指されている。この扱いは、マンガを教材化した授業の一つの類型となっている。

中学二年生用の教科書『伝え合う言葉・中学国語』(教育出版)の「書くこと」の単元「立場を決めて意見を述べるには」でも、『コボちゃん』が教材化されている。この単元では、四コママンガを読んで「自分の意見」を決め、根拠を挙げて文章構成を工夫するという意見文の作成過程を学ぶように工夫がなされている。末尾の「学んだことを生かして、意見文を書く」という活動では、「四コマ漫画を読んで、意見文を書こう。(左の四コマ漫画を使ってもよい。)」という課題が設定され、再度『コボちゃん』の四コママンガが掲載されている。

中学三年生用の教科書『中学校国語』(学校図書)では、井上ひさしの「握手」の学習の手引きとして「批評の扉」が設定され、さくらももこの『ちびまる子ちゃん』が教材化されている。そこに採録されたのは一つのコマのみであるが、次のような課題が設けられている。

次の漫画では、①女子の心の中の言葉、②作者の説明、③男子の言葉の三つが書き分けられている。「握手」の本文から、同じような書き分けがなされている箇所を探して、考察してみよう。

登場人物のせりふ、そして内言、さらにナレーションが一つのコマの中にそれぞれ登場するというマンガの特質を生かして、小説の理解を深めるという学びのための教材として、このマンガは位置付けられている。

続けて、高等学校の国語科教科書を見てみたい。必修科目「国語総合」の教科書『明解国語総合』(三省堂)には、いしいひさいちの『ののちゃん』という四コママンガが教材として採録されている。AとBの二編のマンガが紹介されたうえで、「学習の手引き」には次のような課題が用意されている。
① Aについて主人公「ののちゃん」の「今日の日記」を書いてみよう。
② Bの最後四コマめの「ののちゃん」と「お母さん」の「せりふ」を考えて書こう。
③ Bの中で、この情報を省いたらおもしろくない、という情報を探して、その理由を説明しよう。
④ 「ののちゃん」はどんな子どもだろう。A・B二つのマンガの内容を根拠に、簡潔に説明してみよう。

この扱いは中学校の教科書からさらに一歩踏み込んで、二編の四コママンガを教材として提示している。特に④の学習課題では、二編のマンガから読み取れる主人公の人物像について説明する必要がある。マンガのより確かな理解が求められることになる。

なおこの教科書のTMには、以下のようなマンガの教材化に関する提言も含まれていた。

本学習は、マンガを画像資料としてとらえ、その面白さを説明しようとするものである。／いわゆるPISA型読解力では、情報の取り出し、解釈、熟考、評価という読解の過程が提示されており、さらには文章のような「連続型テキスト」だけではなく、映像・画像、図表などの「非連続型テキスト」の「読解」も「読解力」として位置づけられている。さらには、日本の子どもの、文章として説明する力の弱さも指摘されている。これは、旧来の日本の「国語学力」と同じものではないが、「学力」としては考慮すべき内容であると考えられる。／「マンガ」を学習材にすること自体に、高等学校現場では多少の抵抗感があるかもしれない。しかし、マンガの親しみやすさに加え、その学習材としての価値を右のようにとらえれば、マンガも十分学習材足りうる。

ここでは、PISAにおいて問題にされた「非連続型テキスト」の読解について、『学力』としては考慮すべき内容である」という観点からマンガの教材化を工夫した点に注目したい。

ところで、マンガは入試問題にも出題されていた。かつてわたくしは『中学入試のために　新聞で鍛える国語力』(朝日新聞出版、二〇一〇・一二)において、中学入試問題の調査をしたことがあるが、

「フジ三太郎」
(サトウ　サンペイ作、朝日新聞より)

図版①　「フジ三太郎」の4コママンガ

二〇〇六年にある中学校で、四コママンガから入試問題が出題されていた。問題文となったのは、門脇厚司の『子どもの社会力』(岩波書店、一九九九・一二)という文献に収録された文章である。その内容には、時代とともに家族の住居の環境や家族関係の変化により、家族の交流や団欒の時間が奪われて一緒に過ごす機会が減少した。子どもたちは家の手伝いをせず、母親も外出する時間が増えて家族そのものの必要性すら曖昧になってしまったという、今日的な問題が提起されている。

問題には、かつて『朝日新聞』に連載されたサトウサンペイの「フジ三太郎」という四コママンガ(図版①)が登場する。問題で引用されたのは、一九八五年五月一一日の新聞に掲載されたものだが、ちょうどその翌日の「母の日」がマンガの題材になっている。具体的な設問は、「この漫画が言おうとしていることを、内容のおもしろさにふれながら六〇字以内で述べなさい」という内容であった。

入試問題にマンガが出題されることはさほど多くはないが、この問題では出題者の工夫が見られる。その一つは設問の中に問題文に関連するマンガが引用された形での出題であること、いま一つは解答を論述式にしてマンガが発信するメッセージをまとめるという問いとして作成していることである。

以上のように、中学・高等学校の国語科教科書においても、さらに入試問題においても、マンガを取り上げる試みは出ている。ただし、国語教育の中で実践されてきたマンガの扱い方を見ると、なお補助的な教材として用いたものが目立つ。さらに、四コママンガを教材化した実践が多いのが事実である。主教材としてマンガを用いた実践、さらにストーリーマンガを教材とした実践は、きわめて少ない。そこで今後の課題として、マンガを主教材として扱うこと、さらに四コママンガではない本格的なストーリーマンガを教材化するということを掲げることができる。

3 「マンガ×国語」の可能性と課題

ここで改めて、マンガの教材化をめぐる問題点と今後の課題を整理しておきたい。それは、マンガと教育との関係を問う際の主要な課題につながると考えている。

第一に、教育において何故マンガを取り上げるのかという問いに対して、明確な目的意識が必要となる。授業には指導目標が必要であることは当然のことで、その目標達成のための最適な教材として位置付けられるところに、マンガの教材化の意味がある。指導目標を達成するために、マンガの教材化が必要になるという事実を確認しておきたい。

いま一つ、マンガを積極的に教育に関わらせようとする方向と、マンガは本来教育とは関わらないとして、教育から遠ざけようとする方向が交錯するという問題にも、配慮しなければならない。マンガを教育とは異質な存在として位置付ける教師・学習者にとって、マンガを教材化することはそれだけで相当な違和感を伴うものになる。その違和感の克服が求められる。そのためにも「何故マンガか」という問いを続ける必要がある。

第二として、「マンガで教える」のか、それとも「マンガを教える」のかという問いも、考えるべき課題であろう。マンガを教材化する際に常に意識しなければならないのは、「マンガで教える」すなわちマンガを通して何かを教育するのか、「マンガを教える」すなわちマンガそのものについて教育するのかという課題である。これはマンガを補助教材として取り上げるのか、それとも主教材として位置付けるのかという問題にもつながる。すでに言及したように、これまでの授業におけるマンガの扱い方のほとんどが、マンガを通して教科に関する事項を学ぶという形態であった。これからマンガ教材の可能性を考える際には、「マンガを教える」という形態を取り入れることを検討すべきである。

第三に、「マンガを読むこと」と「マンガを描くこと」の領域にともに配慮するという課題がある。特にマンガを教える教育、マンガを主教材とした教育実践を考える際に、「読むこと」と「書くこと」の二つの領域に分類して考えることは有効である。特に国語科の場合には、「マンガを読むこと」の領域を考えることになる。いわゆる「先行研究」と称される実践は、マンガを読むことの活動が学びの中枢に位置付けられている。

第四には、学力論・評価論との関連で、マンガを扱う授業を考えるという点が挙げられる。特に教科教育との関連でマンガを活用する実践を構想する際に、いかなる学力の育成を図るのかという点を明らかにしなければならない。わたくしは国語教育の分野では、前に言及した浜本純逸の「言語化能力」は重要な手がかりになると考えている。浜本はこの「言語化能力」を、「言語文化」「言語生活」「言語体系」の基盤にあってそれらを生み出し運用する人間固有の潜在的な能力であるとして、それを活性化し強力化するようにと述べている。さらに浜本は、その目標を達成するためには、「言葉の生まれる場に学習者を立たせ、言語化能力を目ざめさせ、豊かにしていくこと」が必要であるとして、「絵画・写真・テレビ・ビデオなどの映像を言葉化する表現活動をさせること」を提案した。

この指摘を受けて、マンガを教材化する際に、「言語化能力」の育成という目標を授業の中心に位置付けることを考えてみたい。映像から発信されるイメージやメッセージを、ことばによって理解しかつ表現するという活動を通して、「言語化能力」の育成を図ることを授業の目標として把握することができる。このように、教育の分野からマンガを捉える以上、学力論・評価論の地平から問題を照射する必要がある。

第五に、教科教育の分野からの実践の蓄積が求められているのも事実である。今後の課題の一つは、教科教育の分野から授業においてマンガを活用する実践を蓄積することである。国語教育の分野に関して述べるなら、マンガを活用した本格的な実践報告はさほど多くはない。教育実践のレベルからのマンガ教育研究はまだ出発したばかりという印象がある。今後はマンガを教材とした教科教育の実践を積み重ねて、その成果を検証することが求められる。

そして最後に、共時的かつ通時的な研究の推進が挙げられる。それは具体的には、まずは海外の教育との比較研究である。海外の教育においてマンガがどのように活用されているのかを調査し、日本との比較研究を深めることが求められる。そして日本の教育史を辿りつつ、教育史のうえでマンガがどのように扱われてきたかという観点も必要となる。このように今後は共時的かつ通時的な視野から、マンガと教育との関係を検証しなければならない。加えて、研究の体系的整理・学際的な相互参照の活性化も欠かせない課題である。

二〇一五年現在、マンガに関する研究は増加傾向にある。しかしながら、人文・社会科学系を中心としたマンガに関する研究の成果はそれぞれの学問領域に散在している状況である。マンガに関する研究が体系的に整理され、学際的に相互参照されることが研究レベルでの今後の課題である。

わたくしはいま大学および大学院の授業で、受講者とともに国語科の新しい教材開発・授業開発を進めている。大学院の「国語科教育特論」での内容の一部はすでに報告した。さらに教育学部国語国文学科専門選択科目「国語表現論」においても、ストーリーマンガを教材化した表現領域の授業構想を紹介しているが、そこで取り上げるのは、つげ義春の「古本と少女」(つげ義春『つげ義春コレクション・李さん一家/海辺の叙景』筑摩書房、二〇〇八・一二)、および吉田秋生の「蝉時雨のやむ頃」

（吉田秋生『海街 diary 1 蟬時雨のやむ頃』小学館、二〇〇七・四）である。ちなみに、二〇一三年度春学期の総括としてのレポートの課題において、マンガの教材化を試みた学生は履修登録者八〇名中八名であった。

わたくしが担当する教育学部および大学院教育学研究科の研究室では、マンガを研究対象とした卒業論文・修士論文がまとめられている。今後、わたくし自身も含めて、担当する研究室の学生・院生による新たな教材開発および授業開発を着実に積み重ねたい。

3-2 ストーリーマンガの可能性——教室で「童夢」を読む

1 マンガを用いた授業の構想——教室で「童夢」を読む

これまでにも、マンガの教材化を試みた国語科の実践は数多く存在する。特に四コママンガは様々な観点から教材化がなされている。大村はまが『大村はま国語教室・第二巻』(筑摩書房、一九八三・三)において、「生き生きと話す」という単元で『クリちゃん』の四コママンガを教材化したことはすでに触れた。工藤順一は『国語のできる子どもを育てる』(講談社、一九九九・九)の中で、『コボちゃん』を用いた作文指導の実践を紹介した。いずれも表現の学習において、四コママンガを教材化した実践である。その他多くの国語教室で実践されてきたのは、ブランクにした吹き出しのことばを想像させたり、マンガを話しことばや物語文で表現させたり、古典をマンガで描かせたりする活動であった。ストーリーマンガの場合は、『源氏物語』に関連して大和和紀の『あさきゆめみし』を扱って、古典の理解を深めるという授業がよく行われている。前の節で言及したように、国語科教科書においてもマンガは随所に登場する。このように、国語教育にマンガを導入するという試みは、すでに模索されている。

国語教育の中で実践されてきたマンガの扱い方を見ると、そのほとんどが補助的な教材として用いたものである。いわゆる本教材としてマンガを用いた実践は、きわめて少ない。そこでわたくしが提案するのは、ストーリーマンガを読むという活動を国語科の学習活動として位置付けることである。すなわち、文学作品を読むという活動と全く同じ方法によってマンガを読むことを考え、国語科の活動として位置付けてみたい。

マンガの教材化を模索する際には、ストーリーマンガの存在を考慮しなければならない。日ごろ学習者が好んで読むのは、四コママンガよりはむしろストーリーマンガの方である。そこで、文学作品を読む活動と全く同じ要領でストーリーマンガを読むという授業を工夫することができるという仮説のもとで、授業を構想し、実践することにした。それは前任の高等学校で一九九一年度に三年生の「国語表現」を担当したときに、後期の授業で取り入れたものである。そのとき教材として選択したのは、大友克洋の『童夢』(双葉社、一九八三・八)であった。

わたくしは、教室で本格的なストーリーマンガをじっくりと読むことを考えた。そして、マンガも小説教材と同じ指導過程で扱うことができるという仮説を立ててみた。ただしそのためには効果的な教材開発が必要となる。学習者の興味・関心を引き出すために、挑発的で起爆力のある教材を発掘しなければならない。いくつかのマンガ評論に目を通しているとき、大友克洋の作品に出会うことができた。大友の作品は学習者がよく読むマンガ週刊誌に掲載されるようなものではなく、高校生の読者は多くはない。しかしながら『童夢』という作品は、マンガとして初めて日本SF大賞を受賞している。そして本田和子、鎌田東二、川本三郎、大塚英志らの評論の中で論じられていることに気が付いたわたくしは、一九九一年度の高校三年生を対象とした「国語表現」の授業で、この作品の教材化を試みることにした。『童夢』は娯楽的な要素の多いマンガではない。特に次のような観点から、教室での読みと表現分析に十分に耐え得る作品と判断して、教材化を試みた。

① ストーリー性が豊かな点。
② 人物・事件・背景のそれぞれの側面において、現代に直結する題材を扱っている点。
③ 細部にわたって表現が工夫されている点。
④ 多様な読みを引き出すことができる点。
⑤ 参考文献・資料が多く出ている点。

このうち特に③を重視し、授業においてマンガ表現と言語表現との比較検討もできるということで、「国語表現」という科目の枠の中で扱うことにした。前任校の一九九一年度のカリキュラムでは、「国語表現」は高校三年に一単位設置されていた。高校三年ということで、正規の授業は一月中旬で終了するため、一年間で正味一七時間程度の授業時数しかない。わずか一七時間の中で、効果的な表現指導を実践するのは至難のわざということで、「国語表現」を担当するたびに様々な試行錯誤を繰り返している状況であった。わたくしは主として単元学習の考え方に基づく授業を展開してきた。以下に示すのはその延長線上に位置付けるべき実践だが、一九九一年度の高校三年C組男子五二名を対象とした授業の概要である。

2 『童夢』の展開

前任校での一九九一年度は高校二年の「現代文」を主として担当し、その他に高校三年の「国語表現」を一クラスのみ担当した。「国語表現」はわたくしを含めて四人で分担して七クラスを担当したが、何を扱うかという点に関しての担当者間の協議では、各自の独自な判断に基づいて授業を展開し、評定の平均にクラスの差が出ないように配慮するという方針を取った。そこでわたくしは一年間の授業のテーマとして、実験的に「『子ども文化』をテクストとした表現研究」という点を掲げることにした。

前任校は前期・後期の二期制であったが、前期は主に音楽、アニメ、映像、テレビゲームを用いた単元を実践した。取り上げた主な教材は、中島みゆきの歌詞、宮崎駿のアニメーション、ジム・ヘンソン監督の映画、ゲームソフト「ドラゴンクエスト」など、多様な素材の教材化を試みた。そして後期になってから、すべての授業を大友克洋の『童夢』に充てる予定でいた。作品は単行本を夏休み前に一括購入して担当クラスの学習者全員に配布し、休み中に読んでおくように指示した。

後期の「国語表現」の授業計八時間は、予定通りすべて『童夢』を教材とした単元に充てることになった。グループ学習を取り入れた指導計画に基づいて、授業を展開した。具体的な指導過程は次のようなものである。

① 第一時・普通教室での一斉学習

後期の授業内容に関するガイダンスを実施する。五人から六人のグループ編成を実施。グループは次のa〜iの研究テーマ別に一班〜九班を設け、学習者の希望で編成することにした。各グループで研究テーマを分担したうえで研究計画を検討する。

a 物語(作品全体のストーリーを要約する)
b 人物(主な登場人物の特徴を整理する)
c 事件(主な事件について因果関係に注意して整理する)
d 背景(背景となった時間的・空間的特徴を整理する)
e 構成(全体の構成を整理する)
f 主題(主題について様々な観点から検討する)
g 表現(表現上の特色を整理する)
h 評価(作品がどのように読まれているかを整理する)
i 作者(大友克洋について研究し作風等を紹介する)

夏休み中に作品を読んでいることを前提として、授業では続いて作品に関する「問題意識」と「発見」をまとめる。学習者がまとめた資料は担当者が整理して、次の時間までに資料を作成する。また特に「発見」は、「評価」のテーマを分担したグループの研究資料としても用いることにする。

② 第二時・図書館でのグループ学習

図書館でのグループ学習という形態で展開する。学習者はグループごとに着席する。授業時の資料として、学習者が前時にまとめた問題意識と発見を整理した「設問集」と「感想集」を配布して、学習時の参考とする。研究計画に即して、グループごとに研究協議を実施する。

③　第三時・前時の続き

前時の研究協議の続きを実施する。次回から研究発表に入るため、グループごとに発表内容を整理し、分担を決める。なお、発表はグループ全員が分担し、「発表資料」を作成したうえで、一班につき一五分を基準として行うことにする。

④　第四〜六時・普通教室での一斉学習

一班から順に、印刷して学習者全員に配布した「発表資料」に即して、一五分間の研究発表を実施。時間に余裕があれば、担当者が補足説明をする。

⑤　第七時・普通教室での一斉学習

各グループからの推薦に基づいて、司会者一名、提案者三名をあらかじめ選出し、「『童夢』をどう読むか」というテーマでシンポジウムを実施する。

⑥　第八時・視聴覚教室での一斉学習

担当者による授業の総括として、各グループの発表で話題になった問題を振り返り、作品に関する補足説明をする。さらに『童夢』に関連して、作者大友克洋の談話(「アニメーション映画『アキラ』を語る」)をビデオで紹介する。続いて大友のアニメーション「アキラ」と「老人Z」の一部を映像で紹介する。課題として『童夢』の作品論を書くように指示を出す。

授業は毎時間、授業の進め方や要点をまとめた「研究の手引き」と、学習者が授業中に記入する「授業レポート」と称するプリントを学習者全員に配布し、それに基づく授業を展開した。「授業レポート」は授業終了後に回収し、点検してから返却することにする。「国語表現」は定期試験を実施せず、提出物などの平常点によって評価を出すという方針のため、この単元は主として毎時間の「授業レポート」と授業終了後に提出する課題の作品論によって評価をした。

3　『童夢』はどう読まれたか

教材とした大友克洋の『童夢』は一括購入したものを夏休み前に学習者全員に配布して、後期の第一時間目に「問題意識」と「発見」をまとめさせた。その際に提出された「授業レポート」によって、彼らがこの作品をどのように読んだかということが明らかになる。問題意識は「設問集」として、また発見は「感想集」としてまとめて第二時間目に資料として配布し、グループ学習の参考資料とした。

「設問集」には箇条書きの形式で、学習者から提起された問題意識を六〇項目収録した。次にその主な内容について紹介する。

①　人物に関するもの……老人と子供はなぜ超能力が使えるのか。登場人物がみな障害のある

者ばかりなのはなぜか。真の主人公は誰か。老人と少女の対決を子供たちが見ているのはなぜか。最後になぜ少女は消えたのか。随所に山川部長が出てくる意味は何か。

② 事件に関するもの……主な事件が夜に起こっているのはなぜか。全体として破壊的な事件が多いのはなぜか。結末の事件が曖昧でよく分からない。

③ 背景に関するもの……団地が背景となっているのはなぜか。時代背景はいつごろか。

④ 主題に関するもの……「童夢」というタイトルの意味は何か。このマンガを通して作者はいかなるメッセージを投げ掛けているのか。

「感想集」には学習者が発見したことを収録したが、それはたとえば次のようなものであった。

① 全体的な印象……何が言いたいのか理解できない。特に結末が不可解。現代へのある種の警告である。

② 人物について……老人と子供という弱者が主人公になっている。「チョウさん」は現代の日本そのものではないか。少女に「アキラ」のイメージがある。ストーリーの展開がスピーディ。子供には「裁く者」としての意識がある。死を前にした部長が耳にすることばにはサラリーマンの空しさを感じる。登場人物にすべて陰がある。

③ 事件・背景について……場面の展開が映画的。非現実の素材を用いて現実感を出す。団地のカオスは心が病む現代人の象徴。事件が起こるのみで解決がない。

④ 描写について……死の描写を中心にグロテスクな描写が多い。破壊の描写が細かく鮮烈な

印象を与える。人物の表情がリアル。特に老人の表情が豊かである。心理描写を人物の表情の描写によって行う。擬音が効果的に用いられている。

学習者のこのような「発見」は、テーマ「評価」を担当したグループによって整理され、専門家の読みとの比較がなされた。

「国語表現」の授業で、ストーリーマンガを教材化したこの試みは、『子ども文化』をテクストとした表現研究」という年間テーマの一環として、指導計画を練ったものである。週に一時間という限定された授業の中で、十分な扱いはできなかったが、毎時間の「授業レポート」、グループ学習時の授業態度、発表のための「発表資料」、そして発表、シンポジウム、まとめの作品論など、学習者の反応を見る限りでは、授業で目標とした表現に関する興味・関心の喚起は達成できたように思われる。「評価」を担当したグループは、前任校卒業生のSF作家會津信吾氏と、氏の友人のマンガ家の二人の専門家と自主的に連絡を取って、インタビューを実現した。日ごろ何気なく読んでいるマンガも、授業で分析すると全く新しい発見がある。身近な「子ども文化」としてのマンガが授業という場所に持ち込まれたこと自体、彼らにとって新鮮なインパクトがあった。

『童夢』の実践を通して、ストーリーマンガを本教材として、文学教材と同様の指導過程によって扱う可能性が拓かれたように思う。特にマンガでは、適切な教材の発掘が重要な課題になる。授業で扱うことができるようなストーリーマンガは、決して多くはない。そして教材開発とともに、その教材をどのように扱うかという授業開発に関しても、しっかりとした構想が求められる。

3－3　マンガと国語の交点

1　「紅い花」の展開

ストーリーマンガを用いた国語の授業を構想するに際して、どのような教材をどのように扱ったらよいのかを検討しなければならない。先に紹介した『童夢』は単行本一冊という分量の作品で、グループ学習を含めて相応の指導時間を費やすものであった。これに対して、短い授業時間の中で、一斉授業の形態でストーリーマンガを扱うことも工夫できる。その一つの例として、つげ義春の「紅い花」(『ねじ式・紅い花』小学館、一九八八・一〇)を教材化した取り組みを紹介したい。この授業は前任校の高校三年生の「現代文」の授業において、大塚英志の「記号化する物語」(『まんがの構造』弓立社、一九八八・七)というマンガ論を扱った後で関連する内容として扱ったものである。

以下に、指導過程の概要を示す。なお、配当時間は二時間である。

1　第一時

①　つげ義春の「紅い花」を通読する。

「紅い花」は短編ということから、学習者は授業の初めに作品全体を読む。

② 登場人物・主な事件・作品の背景について、それぞれ整理する。

文学作品の学習指導と同様に、まず主な登場人物とその特徴を整理する。次いで、作中で起こる主な事件について整理する。さらに作品の背景となった場所や時代についても、マンガから読み取ることができた内容を整理する。学習者は、「授業レポート」と称するワークシートに人物・事件・背景をまとめることになる。まとめた内容に関しては、クラスで意見交換をして、さらに深めるように配慮する。

③ 表現上の特色について考える。

「紅い花」のマンガ表現の特色として、気が付いた点を「授業レポート」に整理する。整理した点はクラス内で意見交換し、教師が板書によって主な特色をまとめる。

④ タイトルに注意して、作品のメッセージについて話し合う。

それまでに出された意見を確認して、「紅い花」というタイトルの意味について考える。クラスレベルでの発表の前に、短時間グループで話し合いを展開する。その結果を踏まえつつ、クラスの中で意見交換を実施する。

2 第二時

⑤ 小浜逸郎『大人への条件』(筑摩書房、一九九七・七)の「紅い花」を論じた箇所を読んで、筆者の「紅い花」の読みを理解する。

前時の最後に、小浜逸郎の「紅い花」論を教材として印刷・配布して、あらかじめ目を通しておくように指示しておく。それを受けて、改めて小浜論の主張を読み取りつつ、自身の読み方と比較・検討する。専門家の読みを参考にすることで、自身の読みを深めることができる。小浜論の論旨を確認しつつ、それを参考にしたうえで、改めて独自の読みを確立するように扱う。

⑥ 印象に残った場面について、簡単なシナリオを創作する。

この段階から発展学習になる。「紅い花」を実写の映像に置き換えることを前提に、特に印象に残った場面を取り上げて、その場面の簡単なシナリオを作成する。作成に当たっては、どのような場面になるのかという、具体的なイメージが持てるように配慮する。

⑦ 映画「ゲンセンカン主人」の中の「紅い花」の映像を紹介し、原作のマンガの表現との比較をする。

特に自身がシナリオ作成のために選んだ場面に着目し、実際の実写の映像ではどのような工夫がなされているのかを確認する。その場面について、原作のマンガと比較して、共通点と相違点について、それぞれまとめる。

⑧ 作品の感想をまとめる。

授業での扱いを踏まえて、「紅い花」に関する自身の捉え方を整理する。感想文は次回までの学習課題として、改めて原作と向き合う時間を確保するように促す。

「紅い花」は、日ごろ学習者が接するエンターテインメント系列のマンガではない。メッセージは難解で、一読しただけでは何が表現されているのか読み取れないという感想も多かった。授業が

図版②　つげ義春「紅い花」(小学館，1988. 10)の1シーン

展開するにつれて、登場人物相互の関係や特徴、さらに事件の因果関係、「紅い花」が象徴するものと女性の生理現象との関連などが次第に明らかになってきた。子どもと大人の世界の対照を、山の上下や都鄙の対照などと比較しながら読む者もあった。

参考資料として小浜逸郎の論説を紹介すると、学習者の多くは強い関心を持って目を通していた。資料を読んだうえで、たとえば小浜の論には「釣り客」の視点が欠落している、という問題点なども提起される。このように、マンガと関連させてマンガ論を読むという学習も効果的である。

さらにマンガをもとにしたシナリオを作ることで、原作の読みはより深まることになる。「紅い花」は映画やテレビドラマにもなっているので、自分のシナリオと映像とを比べながら、マンガ表現と映像表現との比較というテーマを扱うことができる。

ここではストーリーマンガの教材化を試みたわけだが、授業では学習者の「問題意識」と「発見」を生かした展開を工夫し、実際に表現するという活動を授業の随所に取り入れた。様々な個性を持った学習者の「読み」の交流を通して、「教室の文化」が生成されたことも大きな収穫であった。そして、ストーリーマンガの教材化は十分に可能であるという結論を得たことも明記しなければならない。「現代文」においては、マンガを「読むこと」の領域を中心とした授業を工夫し、この結論について実践を通してさらに詳しく検証したいと思う。

マンガは国語科の教材とはなり得ないと主張する向きもあろう。ただし、いまは活字が唯一中心的なメディアの時代ではない。ここで紹介した指導過程を実践したとき、授業の中に生き生きとしたことばが棲息していたのは事実である。言語教材と同様に、マンガ教材によっても価値あることばの指導を成立させることができる。マンガを通して自己の主体的なことば、批評することばを獲得することは、さらに検討されてよい。また、情報処理能力や人間関係能力に関わる学力観からも、マンガ教材による授業を評価することができる。

マンガを単なる娯楽としてではなく、一つの「教材」として読み味わうことができればよい。教材は、授業において学習者に読まれることによって成立する。授業という場所で個人の読みは、グループの読み、クラスの読み、教師の読みを経て変容かつ深化し、再度個人へとフィードバックされる。今後の課題は、マンガ論をも含めて価値ある学習活動を保障する教材の開拓と、効果的な実践の積み重ねである。学習者の現実と授業という場所とを架橋するためにも、これからもストーリーマンガの教材化の試みを続けることにしたい。

2 何故マンガか？――つげ義春から『海街 diary』へ

「紅い花」はつげ義春の作品である。いま、中学・高等学校の現場では、つげ義春のマンガを愛読する学習者はほとんどいないと言っても過言ではない。それではいま、何故つげ義春を取り上げるのか。ここではそのような問題も含めて、いくつかのつげ作品に言及しておきたい。

まず着目したいのは、大塚英志の言説である。『物語の体操』(朝日新聞社、二〇〇〇・一二)の「つげ義春をノベライズして、日本の近代文学史を追体験する」において、大塚は以下のような課題を提起した。

ぼくはまず生徒に一本のまんが作品を示します。つげ義春の「退屈な部屋」という作品です。(中略)課題は簡単です。このつげ義春の短編を四〇〇字詰め原稿用紙三〇枚の小説として書き直してもらうのです。いわば、ノベライズ、というやつです。

大塚は、つげ義春のマンガを取り上げる理由の一つとして、「若い小説家やまんが家志望者と話していて驚くのは、おたく的教養の崩壊というべき事態で、仮にもこの業界で生きようとするのなら最低限触れておいてほしい先人たちの作品が、ぱったりと読まれなくなっている」ことに言及したうえで、「つげ義春ぐらいは読んでおいてほしい」と述べている。

さらに大塚は「そもそも視覚的な表現を言語化する、というのは小説における文章技術の修業に案外と最適だ」と指摘する。そのうえで大塚は、つげ義春の「退屈な部屋」の冒頭の場面を小説に書き換える、いわゆるノベライズという課題を課することになる。

わたくしはこの大塚の課題を参考にして、大学の「国語表現論」の授業において、学生につげ義春のマンガのノベライズという活動を課している。マンガを言語に置き換えるという作業を通して、彼らは自然に双方の表現の差異に気付くことになる。この活動は、以下に続くマンガ教材を用いた授業の「導入」として位置付けることができよう。

大学の「国語表現論」の授業でマンガ教材を紹介するときには、つげ義春には触れることにしている。つげ作品の中からは先に触れた「紅い花」のほかに、「古本と少女」および「ねじ式」を扱ったことがある。「古本と少女」は『つげ義春コレクション3・李さん一家／海辺の叙景』(筑摩書房、二〇〇八・一二)に基づいて教材化する。以下に一時間扱いの指導過程の概要を紹介する。大学の授業を通しての実践ではあるが、指導法としては小学校から高等学校までの校種で扱うことができる。なお、作品のタイトルは示さずに、また作品の結末部は省略した形で教材化を試みた。

①　作品を一読して、登場人物、主な事件、作品の背景について整理する。

学習者はまず作品を読む。特にどんな人物が登場するか、それぞれの特徴と相互関係について、作品から明らかになることを整理する。続いて、作中で起こる特に重要な事件を整理する。さらに作品の背景となった場所、時代などについて、読み取ったことを整理する。

② 作品の結末を想像する。

下宿の主人が「お帰り……小包がとどいてますよ」と少年に声をかける場面で、教材では続く場面が省略されている。学習者はこれまでの文脈を手がかりにして、結末を想像してことばで表現する。その際に、結末では二種類の手紙が出てくることを伝える。まず、小包に入っていた品物に添えられた手紙(手紙A)、さらにその品物の中に挟まっていた手紙(手紙B)を取り上げる。「手紙A」「手紙B」は、それぞれ誰から誰に宛てたどのようなメッセージを伝える手紙なのかを考える。

③ 作品にふさわしいタイトルを考える。

すべてのストーリー展開を踏まえたうえで、この作品のタイトルとして最もふさわしいことばを想像する。学習者には具体的なタイトルと、そのタイトルを考えた理由を発表する。最後に参考という位置付けのもとで、つげ義春のタイトル「古本と少女」を紹介する。

④ マンガ表現の特徴について、気が付いた点を整理する。

最後に、ストーリーマンガの表現の特徴を把握することを目標として、気が付いた点を学習者に自由に挙げさせる。特に言語表現との差異に関しては、注意して理解を促すようにしたい。

以上が、つげ義春の「古本と少女」を教材化した授業の実際である。

続けて、新しいマンガ作品の教材開発と授業開発に言及したい。二〇一三年のマンガ大賞を受賞

図版③　吉田秋生「海街 diary」(小学館，2007. 5)の 1 シーン

した、吉田秋生『海街 diary』の教材化を試みる。大学の「国語表現論」の授業では、学生を対象に実践を試みたことから、以下はこの作品の指導過程の概要である。前の教材と同様に一時間の配当になる。実際に教材としたのは、『海街 diary1・蟬時雨のやむ頃』(小学館、二〇〇七・五)の「蟬時雨のやむ頃」の末尾の場面である。駅まで見送りに来た「すず」に、三姉妹が鎌倉で一緒に暮らそうと提案し、それに「すず」が応じるという場面である。原作のマンガの八ページ分を教材とする。さらに、授業の進行に即して配布するべく、次の「佐助の狐」の冒頭四ページ、および高瀬ゆのかによる映画ノベライズ版『海街 diary』(小学館、二〇一五・五)の原作に対応する場面を教材

として用意することにした。

① 教材のマンガを読んで、人物・事件・背景をめぐって、マンガから読み取ることができる情報を整理する。

教材としたマンガは、作品の途中からで、人物・事件・背景に関する情報が完全なものではなく、断片的に提供されている。その情報の断片を丁寧に読み取りつつ、それらを重ね合わせて、明らかになることをまとめる。グループで情報を交換して、より多様な理解を目指す。

② 配布教材に続く場面を新たな教材として追加で配布し、グループで共有した情報をさらに詳しくまとめる。

グループでの情報共有が一段落してから、原作の次の場面のマンガを配布する。そこにはナレーションとして、登場人物相互の人間関係がさらに明らかにされている。最初に読んだマンガから得た情報を整理したものと比較しつつ、新たな情報を加味して、原作の設定にアプローチを試みる。

③ 映画のノベライズ版を読んで、マンガ表現との相違点を確認する。

原作のマンガと対応する場面のノベライズ版を参照して、マンガ表現と言語表現との相違点をめぐって、意見交換を実施する。

『海街 diary』は実写の映像によって映画化されていることから、マンガ表現と映像表現との比較という課題を設定することもできる。

3 マンガ×ゲーム＝ヒットマンガを楽しむ

マンガの教材化に関連して、「ヒットマンガ」と称するゲームについて、大学の授業で試験的に取り入れた実践を紹介する。「ヒットマンガ」とは、二〇一〇年（改訂版が二〇一三年に出ている）にタンサンアンドカンパニー社から発行されたもので、カルタのようなカードに、一コママンガが描かれている。ただし、すべて吹き出しが空欄になっている。テーブルの「場」に表向きにカードを並べて置く。これが「取り札」になる。それとまったく同じ絵柄のカードが裏返しで用意され、「読み札」の役割を担う。まず読み手は任意のカードを手にとって、そのマンガの吹き出しにもっとも適切と思われるせりふを入れて、読み方を工夫して読み上げる。取り手のメンバーはそれを聞いて、どのカードのマンガの吹き出しに相当するのかを判断して、分かったら即座に「場」のカードを指摘する。読み手と取り手のカードが一致したら、それぞれが一点ずつ得点する。異なった場合は「お手付き」となり、チャンスは一回限り、全員が読み手とは異なった場合には、読み手がマイナス一点となる。

授業では四人から五人程度のグループを編成し、グループごとにA4サイズの用紙に八枚のカードを印刷したものを二種類、それぞれ二枚ずつ用意する。大学の授業で用意したのは図版④のようなカードであった。

メンバーが交代して読み手になり、取り手はAからPまでのカードから読み手のせりふにふさわ

図版④　ヒットマンガ(タンサンアンドカンパニー社)の実例

しいマンガのカードを選ぶという形で授業は進行した。
カードに描かれたのはそれぞれ独立した一コマのマンガということで、読み手はそのマンガの絵を見て様々な状況を設定しなければならない。たとえば「J」のカードであれば、この男性はマンホールのような場所から顔を出しているが、これはどのような状況を描いたものかを瞬時に想像する必要がある。何かの自然災害から身を守るためにマンホールのような場所に身を潜めているのだろうか。もしくは、監禁された場所からマンホールを伝って逃亡して、どこかに出て蓋を開けたところだろうか。想像した状況をもとに、今度はこの男性の視点に立って何らかのメッセージを発信しなければならない。

さらに「ヒットマンガ」では、せりふを読みあげるという活動が伴うことになる。そのマンガの状況を踏まえて、キャラクターに寄り添う形で声に出して読むことが求められる。取り手の学習者はその発言を聞いて判断するので、これは明らかに国語科の「話すこと・聞くこと」の活動に相当する。

ゲームが一段落したら、改めてマンガの絵柄とメンバーが考えたせりふを確認しながら、総括的に話し合いをしてゲームの振り返りをする。ちなみにわたくしが担当する「国語表現論」の二〇一五年度の受講者は、それぞれのマンガに次のようなせりふを考えた。以下、主なもののみ紹介する。

J　これが地球か……／ブラジルから来ました。／アメリカ軍は去ったのか？

K　このゲームではお互いの影を踏んだら負けだ。／はーい、これからUFOを呼びまーす。

O　ちょっとコンビニ行ってくる。／ここの空気は薄いなあ。／行くぞ、相棒。

P　顔が赤いって？　夕陽のせいだよ。／あっ、想像していたより重かった。／愛しているよ。

いま紹介したカードは、比較的多くの学生が選択したカードである。状況が想像しやすい絵柄が、好んで選ばれる傾向にある。

続けて「ヒットマンガ」に取り組んだ学生の主な感想を紹介したい。まず、このゲームの特徴について、彼らの受け止め方は以下のようなものであった（学習者の感想には通し番号を付した）。まず、全体的な感想から引用する。

① 難易度を考えたうえで、適切なことばを当てはめるのは結構難しい。
② 何が描かれているのか定かでないことから、世界観を設定する必要がある。
③ 絵によって、せりふを考えやすいものとそうでないものとの差が大きい。
④ 表情やしぐさから読み取れることは多いと感じた。
⑤ せりふを瞬時に考えるのが難しく、それは相手に伝えることを念頭に置いて、ことばを簡潔に考える必要があるからだと思う。

続いて、特にセリフを声に出すという活動に関わる感想を引用する。

⑥ 感情を込めて読むことが大切であることが実感できた。
⑦ 音読のスキル、心情理解や状況把握の力を伸ばすのに役立つと思った。

今回授業に取り入れた方法をもとにして、改訂の余地がある点を指摘したものもあった。

⑧　どれか一枚のカードを決めて、それについてメンバーが様々な意見を出すという方法にしても面白いのではないか。
⑨　その場で即興的に考えるのではなく、あらかじめ各自で考えてから始めた方がよい。
⑩　同じコマでも人によって解釈が異なるので、グループ内での比較検討、発表などを通して自己の表現を深める活動を取り入れてもよい。

「ヒットマンガ」を国語科の授業に取り入れるに際しての、参考になる感想として、以下のようなものがあった。

⑪　表現力を伸ばす教材としての可能性を感じた。
⑫　せりふを考える、声で表現する、受け止めてどのマンガか考えるなど、様々な要素が複合的に取り入れられていた。
⑬　人の表情から心情を想像するという、ふだんマンガを読むときにしていることを意識化したような気がした。
⑭　言語と非言語の処理を瞬時に行うのは困難だが、ゲーム感覚で楽しめるのがよい。

今回は、小学校から高等学校までの多くの校種で導入ができると思われる「ヒットマンガ」について、大学での試験的な実践に言及した。短い時間に「投げ込み」のような形で扱うことができることからも、さらに改訂を重ねて、授業の構想を確立したいと考えている。

第4章

アニメ×国語＝？？

4-1 映像で学ぶ――映画とテレビドラマから

1 映像で育むものは

本章では、映像系列のサブカル教材を取り上げる。インターネットの急速な普及によって、現代を生きる若い世代の学習者にとって、映像は最も身近なメディアとなった。ことばよりも映像が先行する現代において、国語教育の在り方も見直される必要がある。なお、アニメーションに関しても「映像」のカテゴリーに加えたうえで、本章において言及する。

パーソナルコンピュータとスマートフォン、そしてタブレットの普及により、映像がますます日常生活の中の身近な場所に浸透しつつある。パソコンやスマートフォンのディスプレイを通して、常に夥しい量の映像情報が送信される今日、文字よりも映像が優位の社会環境の中で育った学習者を前にして、国語教育の在り方を大きく見直す必要が生じてきた。一方で、様々なメディアから際限もなく送り続けられる情報を的確に整理して、批判的に受け止めかつ取り入れる能力としてのメディア・リテラシーに関わる論議が、教育の現場でも活発になっている。そこでメディア・リテラシーの問題を視野に収めつつ、映像を用いた国語教育の在り方について、特に学習者が強い関心を寄せるサブカルチャーの中から、本節では映画とテレビドラマを選んで、教材開発および授業開発についての提案を試みる。

国語教育で映像をどのように扱うかを検討する際に、まずは授業において育成する学力について明らかにする必要がある。そこで注目したいのは、2章2節で取り上げた「言語化能力」である。

映像の教材開発を推進する際に、この「言語化能力」の育成という目標を授業の中心に位置付けることができる。映像から発信されるイメージやメッセージを、ことばによって理解しかつ表現するという活動を通して、「言語化能力」の育成を図ることが、映像を用いた授業の目標となる。

広義の映像には静止画像も含まれることから、まず静止画像である写真と図版について考えてみると、これらは古くから国語科の授業に導入されてきた。教科書には多くの図版が収録されているが、教科書の他に「国語便覧」を副読本として使用する現場が多い。特に古典(古文・漢文)の授業では作品の背景となった時代の風物として、動植物などの自然から建築、服飾、調度品などに至るまで、図版を参照することによって、古典作品に対する理解が深まる。さらに絵巻物などの図版を通して、当時の状況を具体的にイメージすることができる。古典に限らず現代文の教材においても、写真や図版の活用は映像で育った世代の学習者に適した方向と言えよう。

映像を導入して効果的な授業を展開するためには、どのような授業を展開するのかという学びのプランをきめ細かく検討しなければならない。単なる映像の紹介に終始するような授業では、成果を期待することはできない。映像の使用を安易に考えずに、あくまでも一つの「教材」として、指導計画の中に明確に位置付ける必要がある。

まず何のために映像を使用するのかという、指導目標を明確にする。一つには、教材の理解を深めるための補助教材という方向が、映像の基本的な在り方である。作品に登場する風物や舞台となった場所の映像を紹介することによって、その作品の理解を深めることができる。たとえば軍記物に出てくる装束の映像を見ることによって、装束描写と登場人物の身分との関連を理解することができる。また近代文学の舞台となった場所の映像によって、作品の理解が促進される。国語教育で映像を用いることの意味として、第一に教材の理解を補助するという役割を挙げることができる。

第二として、教材の理解を深めるだけではなく、学習者の興味・関心を喚起するという方向も映像の重要な役割となる。たとえば映画化された文学作品の鑑賞によって、学習者はその作品に関心を抱く。原作のイメージが映像によって限定されるという問題点もあるが、興味・関心の喚起という目標は、映像によって達成されることが多い。映画鑑賞会で文学作品が映画化されたものを上映すると、必ずその原作を読む者が出る。映画によって原作への関心が高まり、原作を読むという活動につながることから、主体的な読書への動機付けという点にも映像の意味がある。このような、興味・関心の喚起という方向は、国語教育で映像を扱う際の重要な意味となる。

さらに第三として、映像を補助教材ではなく本教材として活用するという方向性がある。たとえば絵や写真を見て物語を創作するという活動や、音楽だけでことばのない映像に台詞を入れるという活動などがこれに相当する。また映像を見て、その映像に関するテーマを設定してディベートを展開する授業、映像を途中まで見てからその続きを考えるという授業など、映像自体を中心的な教材とした実践が工夫できる。補助教材としての位置に安住させるのではなく、今後はこのような本教材としての方向性も積極的に開拓する必要がある。以下に、映像を本格的な教材として用いた具体例として映画とテレビドラマを取り上げて、「言語化能力」を育てるための授業構想について考えてみたい。

2 映画が教科書!

映画は広く国語科の補助教材として用いられている。たとえば文学作品を扱った後で、その作品を映画化した映像を紹介するという方向である。背景となった場所の映像など、学習者の興味を引いて、学習した文学作品に対する関心が高まることは大切な効果となる。

二〇一五年現在使用されている国語科教科書における映画教材は、高等学校の教科書では次のような扱いが見られる。

① 「ブックガイド」に「小説と映像」を取り上げて、映画化された文学作品を紹介する。
② 映画に関する論説文を採録する。
③ 「黒い雨」の小説と脚本の読み比べという課題を提起する。
④ 演劇に関連させて「脚本を書く」という言語活動を取り入れる。

以上のような国語科教科書における映画の扱いは、具体的な授業実践を考える際の重要なヒントとなる。いずれも、映画を直接本教材として位置付けるまでには至っていない。その点を確認したうえで、以下に映画自体を本教材とした授業について言及する。国語科の教材として映画を用いる際に留意する必要があるのは、次のような点である。

① 全編を上映する場合は特に長さが短い映画。

② 人物や物語の設定が分かりやすく、それでいて想像する余地がある映画。

第一の点は特に重要で、全編を紹介する際にはその時間に配慮しなければならない。単に映画を上映するのみの授業は避けたい。この条件から、教材化できる作品は限定される。そして第二の点は、複雑な設定や前衛性を前面に出した作品は教材にはなりにくい。視聴してストーリーの展開が直ちに理解できるようなものが好ましい。ただし、どこかに「謎」があるような作品は、その解明を授業の目標の一つに含めることができる。

映画教材の具体例としてわたくしが選んだのは、ジム・ヘンソン監督による映画「ストーリーテラー」である。このシリーズは、授業の趣旨に即した適切な教材となる。その中の第三話「兵士と死――ロシア民話より」を扱うことにした。「ストーリーテラー」は、まさにタイトルとなった物語の「語り部」が画面に登場してストーリーを語るという形態で進行する。長さの面からも全体が二〇分程度ということで、授業中に全編を放映することができる。授業は、この映画を鑑賞するところから出発する。新しい映画ではないが、SFXを駆使した映像とテレビゲームにも似た魅力あるストーリーの展開は、学習者の関心を十分に引き付ける。

主人公の兵士は物乞いに施しをすることで得た様々な特性とアイテムを生かして、ある古城の中に入る。特に何でも中に入るという魔法の袋が重要な役割を担うことになる。そこにいた悪鬼と賭けをして大儲けをし、さらに新たなアイテムを手に入れる。それは水が入ったコップであったが、人の生と死を予測できるものであった。皇帝の命と引き換えに自らの命を差し出した兵士は、死と対峙することになる。

それは映画の全編の四分の三程度が経過した場面になるが、そこで一度映像を中断する。中断場面以前までのストーリー展開を踏まえたうえで、その場面の続きを想像して、ストーリーテラーに代わって学習者に語らせるという課題を提示した。席の近くの者同士で情報交換をしてから、何人かの学習者に代表して語らせてみる。聞いている側の学習者からは、適宜感想を発表させる。

学習者の語りを聞いて評価を実施した後で、実際の「ストーリーテラー」の映像の続きを鑑賞する。映画の結末はかなり込み入ったもので、多くの学習者の想像を超える意外性を帯びた結末になっている。彼らには、自分の想像した結末との比較をさせながら鑑賞するように促す。最後に、実際の映画の結末と自分で想像した結末との共通点および相違点をめぐって、感想を交流して授業は終了する。授業時間は一時間の配当で扱うことができる。なおこの課題を扱う際に、ジャンニ・ロダーリ(窪田富男訳)の『物語あそび――開かれた物語』(筑摩書房、一九八一・七)を紹介して、物語の「フィナーレ」を考えるという活動を提示し、実際に取り組むことができれば、さらに有効な学びが実現できる。

今回紹介したのは、特に絵や映像との関連から読み聞かせにつなげるという活動を重視した授業である。その目標として、学習者が楽しんでことばを学ぶことを重視する。幼時から映像と深く関わる子どもたちに対して、それを効果的に活用しつつ教材開発を試みた授業構想によって、ことばに対する興味・関心を育てることができる。

3　ドラマが教科書！

次に、学習者が好んで見るテレビドラマを、国語科の教材として活用することを考えることにしたい。具体的な教材としては、たとえば原作となった小説や、その脚本などが入手可能なものが理想的である。ノベライズされたものでもよい。日ごろ単に映像を眺めて楽しむテレビドラマの映像から、ことばを引き出すという活動が授業の中核となる。

具体例として、橋部敦子が脚本を担当した「僕の生きる道」（二〇〇三年放送）と「僕のいた時間」（二〇一四年放送）を取り上げる。このドラマはいずれもフジテレビ系列で放送されたものだが、特にノベライズ版が出ていることに着目した。前者は小泉すみれ、後者は木俣冬によるノベライズが、それぞれ単行本『僕の生きる道』（角川書店、二〇〇三・三）、『僕のいた時間』（扶桑社、二〇一四・三）として刊行されている。授業ではドラマの映像とそのノベライズ版を教材化する。

「僕の生きる道」のドラマの内容は、高校の生物の教師中村秀雄が突然不治の病で余命一年という宣告を受けたという設定で、残された時間を精一杯生きようとする主人公の「生」、および「愛」と「死」という普遍的なテーマが扱われている。

授業で扱うのは第六話で、主人公の秀雄が同僚のみどりにプロポーズをするという場面を軸にして展開する。秀雄は自分の病気のことをなかなか告白できないでいるが、彼の生きる「証し」をビデオカメラに収録していたのを偶然みどりが見て、真実を知ってしまう。ある夜、アパートの自室を訪れたみどりに、秀雄が思い切って病気のことを告白するという場面を中心にドラマの映像を紹介する。それは、作品を構成する様々な要素が集中的に出てくる重要な場面である。

授業では、映像とノベライズされたストーリーをそれぞれ紹介する、それは次の六場面に区切ることができる。

①	教員室	秀雄の病気を知ったみどりは、教員室にいても動揺している。
②	教室前の廊下	みどりに恋愛感情を持ち関係の修復を望む同僚教師の久保が、廊下でみどりとすれ違う。
③	病院の診察室	診察を受けながら、秀雄は主治医の金田医師に相談をする。
④	秀雄の部屋	ある夜部屋を訪れたみどりに、秀雄は病気のことを打ち明ける。
⑤	みどりの帰途	秀雄の部屋を出て、みどりは帰る道すがら秀雄のことを思う。
⑥	秀雄の部屋	みどりが去った後でビデオを見られたことを知り、秀雄は考えごとを

する。

このような場面の設定について、あらかじめ説明を加えてから、ノベライズされたストーリーとドラマの映像とを、同時に紹介する。小説の表現が、大きく「描写」「叙述(説明)」「会話」に分かれることを説明してから、特に「描写」と「叙述」の箇所に注意して、映像がどのように言語化されているのかを検討する。

第二のシーンでは、秀雄の病気のことを知って悩むみどりと、みどりとの関係の修復を願う久保とが、廊下ですれ違う場面がある。映像を見ながら、二人の所作をことばで表現するという課題を設定した。ノベライズ版の表現に次のような空所を設けて、映像を見ながら当てはまることばを記入させた。以下、空所に相当することばを入れた形で示す。

A 久保はすれ違いざまに【立ち止まった】。

B みどりは無言のまま、【視線をそらした】。

C 久保はいつになく【余裕を失った】表情をしている。

D みどりは【硬い表情で】立ち去った。

続けて第四のシーンでは、主人公の内言、すなわち心の声とも言えるモノローグを含むが、そのモノローグ以外はすべて描写と叙述から構成され、会話は出てこない。そこで、ドラマの映像を見たうえで、この第四のシーンのノベライズを試みるという活動を展開した。このシーンは、秀雄がみどりがどうして病気のことを知ったのかを悟る場面であり、さらに秀雄の心情が描写される場面でもある。

授業では、学習者に表現をいろいろと工夫させる。個人レベルで創作したものは、グループを編成してグループレベルで内容を相互に確認し、評価する。そして特に工夫が見られた作品を、クラスレベルで発表し、全員で鑑賞し評価する。その後で、小泉すみれのノベライズを紹介して、学習者の作品との比較を試みる。

親しみのあるテレビドラマを文字に置き換えるという活動によって、学習者の興味・関心、そして表現意欲を喚起することができる。さらに専門家のノベライズを参考にまとめることから、まとめる際の方法が見えるという特色がある。興味・関心、そして表現意欲を喚起し、同時に表現方法が明らかなことから、具体的な表現の成立が期待できる。それに学習者相互の評価も取り入れて、国語科の学びとして成立するように配慮したい。

同じシナリオライターのテレビドラマから、続けて「僕のいた時間」を取り上げる。このドラマは「ALS」という難病を患った主人公澤田拓人の生き方を中心に描いたものだが、両親と弟という家族の関係、そして恋人の本郷恵との関係などが描かれる。現代の医学では効果的な治療法のない病の無情な進行と対峙しつつ、精一杯生きようとする主人公にスポットが当てられていた。「僕のいた時間」もノベライズされた単行本が出ている。ドラマの脚本はシナリオライターの橋部敦子、そしてノベライズは木俣冬が担当している。「僕の生きる道」と同様に、ことばとの接点が見えやすいように、ノベライズ版が出ているドラマを教材化することにした。

実際の授業で扱うのは「Chapter5」と最終の「Chapter11」である。ドラマの中に「書くこと」の活動が出てくる場面を選択してみた。すなわち、拓人と恵がシャンパンボトルの中に将来の自分もしくは相手に向けたメッセージをそれぞれ書いた紙片を入れて、江ノ島の見える湘南の海岸の砂浜の中に埋める。三年後にそれを掘り出してメッセージを確認するという場面である。出会って間もない二人は、三年後の自分たちに向けたメッセージを書いた紙片を入れたシャンパンボトルを、海岸の砂浜に埋めた。その後拓人は不治の病のために悩んだ挙句、一方的に恵に別れを伝えた。拓人の先輩の繁之から彼女になってほしいと伝えられた恵は、最後にもう一度拓人の想いを確認するためにシャンパンボトルのメッセージを確認に来るという場面である。まずノベライズ版を読んで、それぞれがどんなメッセージを残したのかを想像するという課題を出した。その後でドラマの映像を見て、原作のメッセージを確認する。

続いて「Chapter11」である。ここでもシャンパンボトルにメッセージカードを入れるというシーンが繰り返される。今度はどのようなメッセージだろうか。三年後に確認する二人の映像とともに、書かれたメッセージの内容を想像するという課題に取り組む。そしてドラマの最後の場面を映像で視聴するわけだが、ここはドラマの映像を鑑賞したうえで、オリジナルのノベライズをまとめるという課題を出す。その後で参考として原作のノベライズを紹介して、自身のものと比較させる。

この活動を参考にした発展課題として、実際に「一年後の自分」もしくは「三年後の自分」に宛ててメッセージを書くという活動も考えられる。書かれたメッセージは保管して、実際に一年後もしくは三年後に学習者に戻すことにする。

本項では、映画とテレビドラマの教材化に基づく国語科の授業構想を取り上げた。冒頭で言及したように、学習者をめぐる環境はますます映像が主流を占めるようになる。スマートフォンは単に通話をするためのツールにとどまらず、映像を配信する多様な機能が付属したツールとして、若い世代に親しまれている。インターネットの普及も、多様な映像情報の発信に重要な役割を果たしている。

国語科は、言うまでもなくことばの学びを扱う教科である。ただし、メディア・リテラシーをもからめて、映像との関連においてことばで表現するという活動を組織することには、重要な意味がある。映像からことばを引き出すという活動は、浜本純逸が指摘した「言語化能力」の育成に直接つながるものとして理解することができる。そしてこの「言語化能力」は、これからの時代に求められる大切な国語科の学力である。

本項では、映像の中から映画とテレビドラマとを取り上げて、具体的な授業の構想を紹介したわけだが、さらに多様な映像を教材化して、教室での実践を通してその意味を検証する必要がある。学習者にとってきわめて身近な場所にある映像は、国語教育の分野でももっと注目されてよい。今後さらに多くの授業構想を検討してみたい。

4-2 宮崎アニメを教材に

1 アニメ×文学

本節では映像系列の教材の中からアニメーション（以下「アニメ」という略称を用いる）を取り上げて、その教材化とアニメを用いた授業について言及する。いささか古いデータではあるが、わたくしの前任の高等学校で一九九三年度の高校一年生男子一三三名を対象に、マンガとアニメに関する意識調査を実施したところ、「好き」と答えた学習者は、マンガが八六・一％、アニメが三七・六％であった。また「嫌い」という回答は、マンガ一・五％、アニメ八・三％という結果であった。

この調査結果からは、マンガと比較するとアニメの支持者は少ないということが分かる。その理由として、アニメは鑑賞するのに手数がかかるという点を挙げる者があった。確かにいつでもどこでも手軽に楽しめるマンガに比べて、時間と場所が制限されるという煩わしさはあるだろう。ただし、この調査の時点からは子どもたちをめぐる情報環境は著しく異なっていて、スマートフォンやタブレットでアニメの映像を手軽に楽しむことができるようになった。さらに教室での一斉授業という形態を考慮すると、映像を映す装置とＤＶＤさえあれば、むしろマンガよりも容易に教材となる可能性がある。
アニメの利点として、分かりやすさと親しみやすさが挙げられる。現にアニメは、学校の内外で教材化されている。たとえば、自動車教習所の学科教習や会社見学の事前教育用映像などにアニメは用いられている。国語科の授業に導入する際にも、この利点を生かした扱いを工夫することになろう。

文学作品が映画化され、映像を通して享受されている。国語科の授業で文学教材を扱う際に、映画化された映像を紹介することがある。もちろん安易な授業への導入はリスクを伴う。言語から喚起される豊かなイメージが、映像によって限定されてしまうのは効果的ではない。そもそも映像のみに依拠するような授業では、学習の効果は期待できない。しかしながら、学習者は言語よりも映像に親しみやすさを覚える傾向にある。映像を通して文学作品に親しむことは、読書への意欲へとつながってゆく。扱い方によっては、映像もまた優れた効果をもたらすことになる。

文学作品をアニメの映像にするケースがある。本格的なアニメ作品では、「源氏物語」「火垂るの墓」「走れメロス」「銀河鉄道の夜」などがよく知られている。この中から、野坂昭如原作の「火垂るの墓」を教材とした授業で、高畑勲のアニメを導入したときの状況を紹介してみたい。

「火垂るの墓」は内容・文体とも、学習者にじっくりと読み味わう機会を与えたい小説である。教材としての起爆力があるこの作品は、教室で扱うと多くの学習者から強い反応が返ってくる。以下に、一九九三年度の高校一年生を対象とした授業の概要を紹介する。教材化したのはタイトルとなった「火垂る」すなわち蛍が出てくる場面であった。主人公の清太と節子が未亡人の家を出て、二人だけで横穴の壕の中で生活する場面からは、作品における「蛍」の象徴的な意味を読み取ることができる。夜の闇の中で小用を足すとき、赤と青の標識燈を点滅させた特攻隊の日本機を見た節子は、「蛍みたいやね」と言う。そこで兄と妹は蚊帳の中に蛍を放つことになる。闇の中の蛍の光は、窮地に追い込まれてゆく兄妹に束の間の安らぎを与えてくれる。蛍の光から連想される観艦式のイメージは、行方の知れぬ父への思いにつながってゆく。そして一夜明けると蛍の半分は死んで落ち、節子は壕の入り口に蛍の墓を作った。野坂自身のエッセイ『わが桎梏の碑』(光文社、一九九二・九)によれば、この蛍のエピソードは事実に基づくものと言うが、作品全体の一つのクライマックス・シーンになっている。

授業では、この場面を原作の表現で紹介した後で、「蛍」がどのようなことの象徴として読めるか、という問題について話し合うことになった。様々な意見が出されたが、特に多かったのは、蛍の光を「闇のような苛酷な状況の中でのささやかな救いの光」と見る読み方である。いくつかの読みの交流を実現してから、この場面の映像化へと話題を展開する。作品を読みながら、学習者は言語を自由に映像化して脳裏に描くことが多い。そこで授業では、場面の映像化に際して留意するべき点、また工夫するべき点について考える。彼らは奔放な想像力を働かせて、多彩な工夫を巡らす。実際にシナリオを書くところまで展開する必要はない。言語表現を映像の表現に置き換える過程で、作品の読みは深められる。

学習者の中で作品がある程度映像として形を成してから、シナリオ作家協会編『'88年鑑代表シナリオ集』(映人社、一九八九・四)に収録された高畑勲のシナリオの一部を紹介する。そのとき、何故高畑はアニメという方法を用いたのかを考えさせる。作者野坂昭如はアニメ映画のプログラムに寄せて「アニメ恐るべし」と述べ、映画公開後の一九八九年八月一七日放送のテレビ番組「徹子の部屋」でもアニメの効用について語っている。野坂は、戦時中のやつれた子どもの姿は実写の映像では表現しえないものだが、アニメなればこそ可能であったと述べた。その番組を録画した映像を授業で紹介して、読解の際の参考にする。そして授業ではさらに、アニメ独特の蛍の場面の描写について検討する。

実際に高畑勲のアニメを鑑賞するのは、授業のまとめの段階になる。学習者が自ら創造した映像と、高畑アニメの映像とを比較して、改めて作品を読み、言語と映像の相違点を考えるところで授業を収束させる。単に文学作品を読んで、その後で映画化された映像を鑑賞するだけにとどまらず、より発展的な扱いを工夫してみたい。なお発展的な学びとして、宮本輝の「螢川」における「蛍」との比較をするという授業も計画をした。

ここでは野坂昭如の「火垂るの墓」を用いた授業を紹介したが、先に掲げたその他のアニメ作品に関しても、あくまでも原作を読むという活動を中心として、教材化を工夫することができる。

2　教材としての宮崎アニメ（その1）

国語科の授業において、アニメを鑑賞した上でその作品が提起するメッセージについて話し合うという授業を展開することができる。この場合、鑑賞した後の討論およびレポート作成などの活動が、国語科の授業として成立することになる。問題意識を持ってアニメをじっくりと鑑賞し、アニメの中から主体的に話題を発掘して、それを適切に表現することが授業のねらいである。わたくしは高校三年生を対象とした「国語表現」での実践を試みた。教材として、多くの学習者が好んで見る宮崎駿のアニメを選択する。授業時間の関係から、一つの作品を通して鑑賞することは難しい。そこで「となりのトトロ」と「魔女の宅急便」の一部を用いて、授業を展開することにした。

「となりのトトロ」は結末のシーンを選ぶ。入院中の母親を訪ねるメイが道に迷い、それを案じた姉のサツキが必死になってメイを探す。そのうちにあたりが暗くなってしまったので、サツキはトトロにメイ捜索を懇願する。トトロが呼び出したネコバスに乗ったサツキは、無事にメイを探し当てることができた。喜んだ姉妹は、ともにネコバスで母親のいる病院に向かう。そこで元気に父親と話をする母親の姿を見て、姉妹が安心したところでエンディングテーマが流れる。時間にして約一〇分のこの結末のシーンを放映した後で、そこから読み取ることができる宮崎のメッセージをまとめさせる。参考資料として、川喜田八潮の『〈日常性〉のゆくえ――宮崎アニメを読む』（JICC出版局、一九九二・四）の一節を用意する。

「魔女の宅急便」は冒頭のシーンを紹介する。魔女の娘であるキキは、ひとり立ちのために、ある満月の夜に家を出ることになる。キキは黒猫のジジとともに家を出る準備をして、両親に別れを告げるとホウキに乗って空に舞い上がる。空の上でジジがラジオのスイッチを入れると同時にオープニングテーマが流れる。そのテーマ音楽を聴きながら、「となりのトトロ」と同様にアニメ作者のメッセージについて考える。

授業では必ず毎時間、「研究の手引き」と「授業レポート」の用紙を配布する。「授業レポート」には、大別して「個人レベル」「クラスレベル」「まとめ」の欄が設けられている。アニメを鑑賞した学習者は、まず「個人レベル」の欄に自分自身の発見したことや考えたことを書く。それを教室で発表する。クラスの他の学習者から出された主な意見は、「クラスレベル」の欄に記入する。課題について授業でまとめた場合は、「まとめ」の欄を利用する。「授業レポート」には、最後に「自己評価」と「ひとことメモ」を書く欄が設けてある。「研究の手引き」の「評価の観点」に即して「自己評価」を記入し、最後にはその授業中に感じたことや考えたことを自由に「ひとことメモ」に記入することになる。

「となりのトトロ」「魔女の宅急便」の二作を鑑賞して意見交換をした後で、二つの作品に共通するメッセージを考える。クラスの中での様々な意見交換を経て、授業は「宮崎アニメのメッセージを探る」というレポートに結実した。多くの学習者が共通して指摘したのは、「人間相互の温かくヒューマンな関係」で、これは「現代人がともすると忘れてしまいそうな、人間として最も大切な要素」という意見が共有された。それは、参考文献として掲げた川喜田八潮『〈日常性〉のゆくえ』における「癒し」というキーワードにもつながるものであった。

アニメを単に鑑賞するだけでなく、そのアニメのメッセージを読み取って、グループやクラスで交流するのは、学習者にとって楽しい学びとなる。様々な工夫を凝らして実践を積み重ねるようにしたい。

3 教材としての宮崎アニメ（その2）

アニメのようなサブカル教材を用いた授業は、「楽しい」という要素を満たしてはいる。ただし国語科の授業として成立させるためには、授業を通して何らかの国語の学力が育成されることが必要になる。わたくしは前述の通り、「言語化能力」を国語科で育てる基本的な学力の一つとして位置付ける浜本純逸の論に着目した。浜本の指摘を受けて、アニメを教材化する際に、言語化能力という学力の育成という目標を授業の中心に位置付けることにした。

教材として選んだのは、宮崎駿監督の「魔女の宅急便」および、同氏プロデュースの「耳をすませば」である。これらの「宮崎アニメ」は、多くの学習者に親しまれており、実際に劇場やビデオで鑑賞したという学習者が多い。彼らにきわめて身近な教材ということで、彼らの興味・関心を十分に喚起することができる。わずか一時間もしくは二時間の配当時間で実践できる、投げ込み的にいつでも手軽に扱える授業の構想が可能である。以下に紹介するのは、わたくしの前任校における一九九九年一二月の中学三年生を対象とした授業の概要で、配当時間は一時間である。なお授業の場所は視聴覚機器が完備した視聴覚教室を使用することにした。続けて指導過程の概要を紹介する。

① アニメの映像を見ながら、思い浮かべたことばをメモする。

宮崎駿のアニメ「魔女の宅急便」の一カット、主人公の「キキ」がホウキに乗って空から初めてコリコの町を訪れる場面を映像によって鑑賞する。映像を見ながら、思い浮かべたことばを「授業レポート」に自由にメモしておく。メモすることばは、実際に映像の中に登場する対象と、映像から連想したものとを、それぞれ「授業レポート」に記入するように指導する。「単語」の形で、可能な限り多くメモさせる。親しみのある映像が画面に流れると、学習者は画面に目を奪われて、「映像からことばを引き出す」という課題がはかどらない。課題について取り組むように促すことになる。アニメの映像を見ながら学習者は、「海」「空」「町」「時計塔」のような実際に映像に出てくることばと、「自由」「旅立ち」「出会い」「人との触れ合い」など映像から連想したことばをそれぞれ「授業レポート」に記入した。まず何人かの学習者にメモしたことばを発表させる。メモが十分にできなかった学習者は、発表を聞いて適宜ことばを補充する。

② メモしたことばを用いて、意味の通る文にする。

実際に映像の中に登場したことばと、映像から連想したことばとをそれぞれ用いて、今度は文を作成する。

③　文をつなげて、短い文章を作成する。
今度は文の順序を整えて文章を作成する。その際に、できれば詩のようなリズムのあることばで書くように指導する。「魔女の宅急便」の映像のイメージを踏まえて、自由に文章を創作する。限られた時間の中で、学習者はこの創作活動に意欲的に取り組んだ。次に、ある学習者の作品を引用したい。

真っ青な空を持ち上げている町
希望や活気にあふれる町
大きな海に浮かんでいても
とても大きく暖かい町
西洋の時計塔を従えたあの町に
いまわたしは溶け込んでゆく

学習者はそれぞれが抱いたイメージを、詩の形式で生き生きと表現した。机間支援をしながら「授業レポート」を参照しつつ、彼らに適宜声をかけて簡単な助言をする。詩の形式で創作できた学習者には、声をかけて発表を依頼した。
④　「魔女の宅急便」の挿入歌をＢＧＭとして流しつつ、創作した詩を朗読してクラス全員に紹介する。
「授業レポート」を参照しつつ、詩の形式で書くことができた学習者を数名指名して、朗読を依

頼する。オルゴールの音色に合わせて、ゆっくりと大きな声で読むように指示をした。

⑤　発表された詩をめぐって、自由に話し合いをする。

詩の朗読を聞いた学習者に、感想を発表させる。発表を参考にしながら、それぞれ「授業レポート」に感想をまとめるように指導する。

「魔女の宅急便」の映像からことばを引き出す作業が一段落してから、さらに続けて次のような学習活動を展開する。今度は音楽から想像したイメージをことばで表現するという課題である。

⑥　アニメーション「耳をすませば」の中の、主人公の「月島雫」が自分の創作した物語の中で、「地球屋」にあった猫の人形「バロン男爵」と空を飛ぶという場面について、その場面の音楽を聴いて情景を連想し、連想したイメージをことばで自由に表現する。

今度はまず音楽を聴いて、そこから連想するイメージをことばで表現させるという課題である。この課題でも、「授業レポート」に創作をまとめた学習者を指名して、どのようなことばで表現したかをまず発表させる。今度は、単語から文、そして文章というプロセスを参考にして、音楽を聴きながら直接文章を書くことになった。結果として、学習者の書いた文章には、空を飛ぶというイメージを連想したものが目立った。この課題に関しても、ある学習者の作品を紹介したい。

森や海を飛び越えて
澄んだ大空を自由に飛んで
普段よりも太陽がまぶしい

何にも縛られずに空に向かって
自由に羽ばたけ

⑦ アニメのシーンを鑑賞して、曲から連想したシーンとの差異を各自検証し、感想を話し合う。

最初は音楽を聞いただけで自由にイメージを連想したわけだが、今度は映像もセットにして、最初連想したイメージと実際の映像とを比較することになる。「授業レポート」には、映像を見て感じたことをメモさせる。音楽から宮崎アニメ特有の「空を飛ぶ」というイメージを連想した学習者が目立ったのも一つの特徴である。

⑧ イメージをことばで表現するという活動を通して、感じたこと、考えたことをまとめる。

最後に総括として、映像や音楽からイメージしたことをことばで表現するという活動を通して、新たに発見したことや考えたことを自由にまとめる。日ごろは単に鑑賞して楽しむだけのメディアであったアニメが、表現という活動を通して、国語科の教材として学習者の前に立ち現れた。

今回紹介した授業は、「言語化能力」の育成を実現するための授業として、多くの学習者に親しまれている宮崎駿のアニメを教材化したものである。授業において彼らは、「授業レポート」に書いたりその内容を話したりする表現活動に積極的に取り組むことになった。全体として、楽しく生き生きと学習が展開したことは事実である。そして「授業レポート」には、映像から引き出された多くの詩が記入されていた。特にアニメのある場面に流れる音楽からイメージを喚起するための教材として、この作品以外にも、「もののけ姫」および「千と千尋の神隠し」の中のシーンに流れる音楽を教材化して扱うことができる。

なおこの授業における評価としては、学習者が実際にいかに表現したかという要素を中心とした。すなわち、表現されたものの内容に関する評価よりも、「授業レポート」にいかにまとめ、それを授業中にいかに発表したかという点の評価を重視したことになる。

4―3 ことばのないアニメ

1 「スノーマン」にことばを

日ごろから多くの学習者が親しんで見る高畑勲や宮崎駿のアニメも、国語科の授業で教材として用いることが可能である。さらにここではもう二編、外国のアニメの教材化を工夫してみたい。主に導入するのは表現の領域である。教材としては、イギリスの画家レイモンド・ブリッグズの「スノーマン」を選んだ。ちなみに、この作者のアニメでは「風が吹くとき」も教材化を工夫することができる。「スノーマン」の場合は、アニメの中にセリフが挿入されず、音楽のみによって構成されているという特色が活用できる。

「スノーマン」は二六分のアニメだが、まず前半を一度鑑賞する。画面を見ながら、「映像」から「ことば」を引き出すように促しておく。その方法としては、登場人物の立場からセリフを付ける方法と、ナレーション風に情景を客観的に説明する方法が考えられる。そのいずれか、もしくは両者併用の形で、映像を見ながらことばを当てはめてゆく。途中で映像を中断して巻き戻し、再度放映しながら授業を展開する。今度は数名の学習者を指名して、実際にセリフを入れながら鑑賞する。

視聴覚教室などでマイクの設備があれば使用して、全員に声が届くように配慮する。

最初のうちは恥じらいをあらわにする学習者も、授業の展開に従って生き生きとした声を出すようになる。映像を見ながらの同時進行で話す作業は決して容易ではない。しかしながら結果としては巧みなアフレコが実現する。このように、アニメを一つのきっかけとして「話す」ことの学習を展開することができる。区切りのよいところで少しずつポーズを置いて、次々と交替してセリフを付けさせる。ある程度まとまったところで一度中断して、セリフを付けた側および聞いていた側の双方から、それぞれ簡単なコメントを求める。その際さらに工夫を施すべき点を具体的に発表させ、次のグループではその点を踏まえて話すように注意する。

この活動のみで授業を収束させてもよいが、続けて本章1節で紹介した映画の授業と同様の手順で、アニメの後半を鑑賞する前にストーリーの続きを自由に想像させてみたい。この後で「スノーマン」はどうなるのか、あくまでも前半のストーリーを踏まえて想像させる。音声表現の授業として徹底するのであれば、何人かの「語り」によってストーリーを発表する形態がふさわしい。こうして様々なストーリーを想像してから、実際のアニメの後半を鑑賞する。

本節では、「アニメ」を教材とした授業の工夫を紹介している。漫画もアニメも、学習者の言語表現意欲を大いに喚起できる素材である。漫画もアニメも、興味本位に走ることなく慎重に扱い方を検討すれば、国語教材として十分成立することが分かる。

なお「スノーマン」には絵本版の『スノーマン』(評論社、一九九八・一〇)も出ている。こちらもことばのない絵本になっていて、授業において様々な活用が可能である。

2 「岸辺のふたり」の読解

スノーマンと同様にことばのないアニメとして、続いて「岸辺のふたり(Father and Daughter)」の教材化を考えてみたい。このアニメは二〇〇〇年、英国とオランダの合作である。監督はマイケル・デュドク・ドゥ・ヴィットで、わずか八分間の映像ではあるが、独特の味わいを秘めたものである。そして発信されるメッセージはいささか難解な要素もある。映像を捉える際には、おそらく様々な理解が可能になるはずである。

寺田守の『読むという行為を推進する力』(溪水社、二〇一二・二)に収録された「映像を〈読む〉メディア・リテラシー教育――『父と娘 Father and Daughter』のナレーション作りの考察を中心に」では、このアニメを用いてナレーションを作るという活動が目指されている。わたくしはこのアニメを教材とした授業を、勤務大学の「国語表現論」の授業で実践している。

教室には様々な個性を有する学習者が存在する。そこには独自の「文化」が生成されている。今回はこの「教室の文化」を最大限活用した授業を展開することにした。すなわち、「個人レベル」の学びを「グループレベル」さらに「クラスレベル」での交流を通して深化させ、再度「個人レベル」へとフィードバックするという学びの流れになる。

まず映像で「岸辺のふたり」を鑑賞しながら、発見したことおよび問題意識を抱いたことを確認のうえ、このアニメをどのように読んだのか、要点を「授業レポート」に整理する。ここまでは「個人レベル」の活動である。

それをもとにして、グループでの研究協議を展開することになる。グループ編成は、五名から六名程度で一つのグループを編成する。この授業は大学生が対象なので、グループ編成はすべて受講者に委ねることになる。学生は座席の近くのメンバーで、自主的に編成する。編成できたらリーダーを互選して、そのリーダーを中心に次のような活動を展開する。

① 「授業レポート」にまとめた個人レベルの「発見」と「問題意識」を交流する。

② それを踏まえて、「授業レポート」にまとめた各自の「読み」を交流して、このアニメーションをどのように読み解くことができるかという点について自由に話し合う。

③ 意見を交流しながら、ある程度まとまった見解を整理する。

ここまでを「グループレベル」の活動とする。活動に要する時間は二〇分程度である。学習者は様々な意見交換を通して、作品の多様な「読み」の交流が実現できた。そして個々の「読み」の深化を実感することもできたはずである。

続いて各グループから二分程度で、グループ内の協議概要とともに、作品の読みをめぐって提起された問題を発表する。この活動は「クラスレベル」ということで実施する。最後に、以上の展開を踏まえて、もう一度同じアニメーションを鑑賞する。最初に鑑賞した時点と比較すると、グループレベルおよびクラスレベルの学びを経たことから、作品を深く見ること、そして読むことが実現できたはずである。その深まりを最後に「授業レポート」にまとめて提出することにした。

なお、「岸辺のふたり」も「スノーマン」と同様に、絵本版『岸辺のふたり』(くもん出版、二〇〇三・三)が出ている。ただし、絵本版にはことばが入っており、うちだややこの訳で紹介されている。

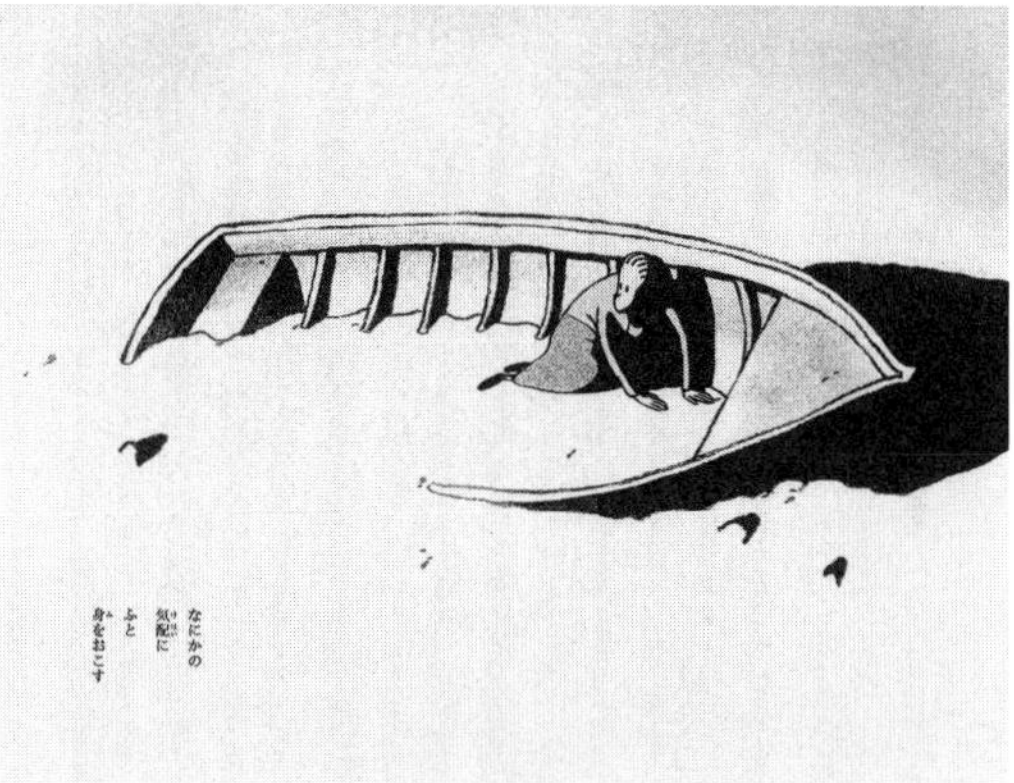

図版⑤　絵本版『岸辺のふたり』(くもん出版, 2003. 3)のシーン

授業では、このことばを参照して、結末のシーンにことばを入れるという課題を扱うことができる。先に紹介した寺田守の研究も含めて、この教材を用いた授業開発を推進したい。

3　境界線上の教材による授業開発として

わたくしたちは、現代社会を生きる学習者の現実を的確に把握し、それに対応した授業を工夫しなければならない。繰り返して言及するように、本書では「楽しく、力のつく」授業の在り方を様々な観点から模索してきた。これからの授業はもはや「工夫」の域を超えた一つの「戦略」として、長期的な展望を持って指導計画を練る必要がある。特に個々の授業で用いる教材については、教科書教材とともに様々な「境界線上の教材」を積極的に発掘したい。ことばに対する、そして国語の学習に対する興味・関心の喚起が、最大の目標である。すなわち、国語の面白さと楽しさを伝え、国語に対する興味・関心を育てて、国語学習ができるという自信を持たせることが必要なわけである。学習者の学習意欲を高めて、生き生きとした授業を展開するという目標に関して、境界線上の教材による授業は効果を発揮する。大切なことは、具体的な活動の場所を授業の中に多く設置することである。その場所で実際の活動によって国語学習を成立させ、国語の学力の育成を図ることにしたい。

本節ではアニメを取り上げて、国語科教材としての可能性を探りつつ、具体的な授業実践を紹介した。教材化を試みたアニメは、いずれも学習者から多大な支持を得たものである。それはそのまま、彼らの興味・関心を十分に喚起できることを意味する。問題は、アニメを授業のどの場面でどのように教材として使用し、国語科の学習活動としてどのようなものを取り入れるのか、という点になる。本節で紹介した授業では、すべてことばとの関わりを重視したもので、育成される学力としては「言語化能力」を考えた。なお、「動画リテラシー」という観点から、アニメーションを含めた動画テクストの教材化と指導法に関する近年の研究成果にも注目したい。

本節で紹介したような授業は、年間指導計画の中の適切な位置付けが必要になる。境界線上の教材は現段階では自主教材としての位置付けになるわけで、年間指導計画の中で、教科書教材とのバランスおよび関連性に配慮する必要がある。また境界線上の教材は、現状では「補助教材」としての扱いにとどまっていることが多い。本書では、基本的に「主教材(本教材)」としての扱いを考えている。今後さらに実践を積み重ねて、帰納的に指導原理を引き出す必要がある。

学習者とともに教師も生き生きと活動できるような場所として、国語の授業を捉えたいと思う。国語学習に対する学習者の興味・関心を喚起するために、境界線上の教材を用いた授業改善がいま真摯に求められている。

第5章

ゲーム×国語=??

5-1 タロット占いも教材に

1 絵のカードから生まれる物語

作文が書けないという学習者にその理由を尋ねてみると、決まって指摘されるのは、何を書いたらよいのか分からない、どのように書いたらよいのか分からないという二つの問題点である。この点を受けて、作文の指導は何をどのように書くかに関する学習を中心に展開してきた。ただし、学習者が興味を持って、主体的に書くところまで導くのは決して容易なことではない。作文指導の実践からは、担当者の様々な創意工夫を読み取ることができる。楽しく文章を書かせるための方略について、作文の担当者は常に模索しているはずである。

授業の中で楽しく文章を書かせるためには、まず学習者が興味を持つような状況を教室内に作り出さなければならない。そのためには彼らがどのようなことに関心を持つのかを、的確に掌握する努力が必要である。もちろん、安易に学習者の興味に迎合するつもりはない。文章を書くための意欲を喚起するという目的に限定して、彼らの現在を注意深く観察したいと思う。

学習者の多くが関心を有する素材として、ゲームが挙げられる。ゲームには多様なジャンルがあるが、「楽しむ」という要素が共通している。そこで次に、ゲームの要素を取り入れた表現指導の実践に言及しておきたい。内田伸子の『想像力の発達——創造的想像のメカニズム』(サイエンス社、一九九〇・一二)には、ジャンニ・ロダーリによって提案されている遊びの一つが紹介されている。それは幼児に《図版⑥》のような絵の描かれた五枚のカードを示して、「おはなし」を作らせるというもので、著者は想像世界がどのようにして生成されるのかについて考察を加えている。この五枚の絵をもとにした物語の創作を、国語科の表現指導に導入することができる。

図版⑥　カードに描かれた５枚の絵

五枚のカードには、それぞれ「オオカミ」「少女」「おばあさん」「森」「花」の絵が描かれている。内田の実験は、これを見ながら物語を創作するというものである。実際に取り組ませると、学習者は実に多様なストーリーを創作する。童話の「赤ずきんちゃん」のストーリーに類似したものが多く創作される。ある程度ストーリーの紹介を終えた時点で、今度はさらに「ヘリコプター」という異質な絵のカードを一枚加えて、新たに創作させることにする。この点もまた内田の実験と同様である。どのような文脈を再構成するのかという点が工夫のポイントになる。

内田の実験を参考にして、次のような表現指導を構想することができる。まず身近な場所から何らかの関連性を見出しやすい内容の五枚の絵(イラスト)もしくは写真を選ぶ。次にそれとは全く異質の内容の一枚を選んでおく。それぞれの絵は印刷して、学習者に配布する。最初の五枚の絵は、プリント一枚にまとめて印刷し、それを自由に構成してストーリーを創作させる。もしくは一枚ずつ切り離して、トランプのカードのようにシャッフルして一枚ずつ並べて順序を決めてから、その順序に従ってストーリーを創作するようにすると、ゲームとしての要素が色濃く反映される。ある程度ストーリーが完成してから、六枚目の絵のカードを示して、そのカードをどこに挿入したら完成したストーリーが破綻なく展開するのかを考えさせる。このカードの位置に関しても、創作するメンバーの意向にかかわらずランダムにすると、ゲームとしての要素が立ち現れる。なお、適切な絵が発掘できないような場合には、先の「赤ずきんちゃん」に準拠した絵柄で、ストーリーの創作を試みるようにしたい。

この授業では、ゲームの要素を取り入れつつも、絵や写真から物語を創造するという活動が展開することになる。子どもたちが楽しみながら書くという活動の実現を目指した試みである。

2 フォト・ストーリー――創作のゲーム

五枚プラス一枚の絵のカードを用いたゲームに続いて、もう一つ複数の絵・写真の教材化の実例を紹介したい。西岡文彦による『別冊宝島134・編集の学校』(宝島社、一九九一・六)の冒頭に紹介されたワークショップは、「フォト・ストーリーを作る」というものであった。このワークショップでは、《図版⑦》のような一六枚の写真を含む図版の中から三枚を選択して、「疑惑」「ふるさと」というタイトルから想定されるストーリーを自由に創作するというものである。

図版⑦　フォト・ストーリー関連の絵図・写真

たとえばある学生は、「疑惑」というテーマに対して「P・A・Q」の三枚の写真を選択して、「宴会に明け暮れる某政治家(P)」、「陰で巨大な金が動いている(A)」、「事件が発覚し、某政治家は空港から高跳びする(Q)」というストーリー

を創作した。その他西岡が紹介したいくつかの「解答例」を参照すると、同じ図版でも全体のコンテクストの中でまったく異なった意味で用いられるということが分かる。ワークショップを紹介した後で、西岡は「与えられた素材を活用して、いかに独自の世界を再構成するかが、編集的創造性の基本です」と述べている。この「編集的創造性」を生み出すワークショップからヒントを得て、写真を用いて創作したストーリー(フォト・ストーリー)を語るという表現活動を工夫することができる。

この方法を応用して、自己紹介のときに、「ショウ・アンド・テル」の要素を取り入れて、何かを示しつつ、それに即して自己を表現するという活動が展開できる。まずは提示するものを探すわけだが、これがなかなか難しい。学校には持ち込めないようなものもある。そこでオリジナルの写真を生かす活動を工夫する。学習者の多くはデジタルカメラやカメラの機能が付いたスマートフォンを所持している。撮影したその場で内容を確認したり、相手に画像を送ったりすることもできる手軽さが好まれているが、自己紹介のために「自己を語る」というテーマで三枚の写真を用意して、その写真を示しながら自由に話をするようにしたい。

学習者はまず、どのような写真を用意するかということを、ストーリーのプロットとともに検討する。プロットが決まったら、実際に写真を撮影する。何枚か撮影して、その中から三枚を選ぶ。三枚という枚数に関しては、西岡のワークショップに学んだものである。それらの写真を用いて、ストーリーを組み立てるわけだが、その際に簡単な脚本を作成する。グループで相互に写真を用いた自己紹介を実施し、特に好評を博したものを互選して、今度はクラス単位で自己紹介をする。単なるパターン化した自己紹介に比べると、様々な表現活動を組み込むことができて興味深い。この試みにおいても、三枚のカードをランダムに選択して順序も決めてから、その順序に従ってストーリーを創作するように工夫すれば、さらにゲームの要素が加味されることになる。

3　タロット占いも教材に

今度は占いに着目して、タロット占いを取り上げ、文章を書くための方略として提案してみたい。なおこの試みは、前項の西岡文彦による「フォト・ストーリーを作る」に紹介されたものをヒントにして考案したものである。またタロット占いの方法に関しては、アレクサンドリア木星王の『TAROT――秘密のタロット・カード』(西東社、一九九八・六)を参考文献として使用した。

タロット占いで使用するタロット・カードは、「大アルカナ」と称される二二枚と、「小アルカナ」五六枚の合計七八枚から成っている。すべてのカードを用いて占う方法の他に、大アルカナのみによる方法もある。授業に導入するタロット占いは、大アルカナ二二枚のみを用いた「スリー・カード・スプレッド」と称されるものである。

タロット占いでは、まずどんなことについて占うのかをあらかじめ決めておく。占う内容を念じつつ、カードをシャッフルおよびカットしたうえで、占いのルールに従ってカードを並べる。これを「スプレッド」と称する。スプレッドしたカードを開いて、その意味を読むのが「リーディング」である。このリーディングの結果から、相談者の相談内容に応じてストーリーを作ることになるわけだが、そこに国語教育との接点がある。すなわち、あらかじめ決められた相談内容のコンテクストに即して、回答のメッセージを一つのストーリーとして創作するという過程において、回答の内容を書くという活動がまさしく文章を書くという活動に直結する。

今回授業に導入した「スリー・カード・スプレッド」は、大アルカナ二二枚の中から三枚を選んで、一枚目と二枚目のカードを間隔をあけて並べ、その中間の上部に三枚目のカードを置くものである。最初の二枚のカードで質問に対する現状を読み取る。あくまでも二枚合わせて判断することになる。最後のカードではその現状に対して、未来はどうなるのかを判断する。

たとえば最初の二枚で、「定期試験に備えて勉強に励んでいる現状」を見て、三枚目で「定期試験の結果」を見る。さらに恋愛に関して占う場合では、最初に相手の気持ちや現在の仲を占い、最後に将来のその恋愛の行方を占うことができる。

授業では、まず相談内容として具体例を提示する。たとえば、学習者が共通して関心を持つ恋愛の話題を選ぶなどの工夫がほしい。

相談内容に基づいてスリー・カード・スプレッドで占ったところ、一枚目に「恋人(逆位置)」、二枚目に「悪魔」、そして三枚目には「月」のカードが出た。参考として学習者全員に二十二枚の各カードの意味を、「正位置」と「逆位置」とに分けてプリントに簡単にまとめて、あらかじめ配布しておく。ちなみに今回占ったカードの意味は、次のようになる。なお「逆位置」とは、カードが逆向きに置かれたときの意味である。

恋人（逆）＝恋人とうまくいかない。恋人とあまり会えない。相手が他へ心を移す。

悪魔＝よくない行為。人をだます。悪い誘惑。人を恨む。

月＝女性の生理。想像力が増す。同情心。母性愛。忍耐強さ。

相談者の相談内容のコンテクストに応じて、このようなカードの意味を当てはめて、占いによる回答のストーリーを創作する。回答はすべて文章にまとめるわけだが、多くの学習者が興味を持って取り組むことができる。

続いて、今度は自分自身の相談内容に基づくひとり占いを実施する。まず具体的な相談を書く。授業では実際にタロット・カードを用意して、教室を巡回して二十二枚の中から有志の学習者に三枚のカードを選んでもらう。そこで出たカードの意味に即して、自らの相談に対する回答を書く。

学習者に楽しく文章を書かせるための工夫として、タロット占いを用いた授業を紹介した。この授業構想からさらに発展して、作文の様々な方略を考えることができる。学習者に身近な状況を設定することと、表現に関する具体的な素材を提供することが、作文指導では特に重要である。彼らが意欲的に「書くこと」へと向かう取り組みこそが、作文教育の基盤を支えるはずである。

5-2 「ドラゴンクエスト」で学ぶ

1 何故テレビゲームか

本節では、前任校における一九九〇年度の高等学校一年生を対象とした授業に即して、テレビゲームの教材化に取り組んだ試みを紹介し、その可能性を探ることに主眼を置く。その後、ゲームの世界は様々な機器が開発され、飛躍的な進歩を遂げた。二〇一五年現在、ゲームはスマホゲームと称される、アプリによるものが広く享受されている。新たに登場したゲーム機器や、スマートフォンのアプリなどに即した授業を検討する必要もある。しかしながらここで取り上げる実践は、特にスマートフォンやゲーム機器を教室に持ち込むものではない。ゲームを「境界線上の教材」として位置付け、学習者の興味・関心喚起のための方略を検討する際の一つの試みとして論述を進めたい。

一九九〇年度、わたくしの担当は高校一年生の「国語Ⅰ」であった。新年度の授業が始まって間もない一九九〇年五月に、担当する学習者全員(三五〇名)を対象に読書生活に関する簡単な調査を実施してみた。学習者の読書傾向を把握して、彼らの実態に即した指導法を模索することが、主な目的であった。と同時に、遠ざかりつつある彼らの現実に、たとえ僅かでも迫ろうとするためのささやかな試みであった。古いデータではあるが、いまでも参考に資する要素があると判断して、以下にその要点を紹介する。

まず、①「一日の読書時間は平均してどの程度か」という点に関して、五つの選択肢を設けてその中から一つを選択させた。その結果は次の通りである。

a　ほとんどない――四九・一%　b　三〇分――二八・五%
c　一時間――一七・四%　d　一時間三〇分――一・五%
e　二時間以上――三・五%

読書時間は「ほとんどない」と答えた学習者が半数に及んだ。そこで次に、②「読書時間が少ないとしたら、その主な原因は何か」ということを問うべく、選択肢を掲げて一つを選択させた。すると、次のような結果が出た。

a　学習――一二・三%　b　クラブ活動――二二・三%
c　テレビ――三七・三%　d　アニメ――八・二%
e　テレビゲーム――四・五%　f　音楽――二・七%
g　その他――一二・七%

aの学習、bの「クラブ活動」は、高校生活の中核となる部分であるが、両者を合計してもcの「テレビ」には及ばない。cからfのいわゆる「趣味」を合計すると半数以上に達している。なお、gの「その他」を選択した学習者は、主に、「読書が嫌い、読書の習慣がない、読みたい本がない、学校生活が多忙、読書より睡眠を、友人と遊ぶ、趣味に使う」などの理由を挙げている。二〇一五年現在では、そこに「ライン」などSNS関連の時間が影響を及ぼすことは想像に難くない。

①・②の質問項目に続けて、よく読む本のジャンルや最近読んだ本、またこれまでに読んだ本の中で最も面白いと思った本や最も好きな作家名などを尋ねた。さらに関連して、最も好きなテレビ番組、アニメ、ゲームソフト、音楽などについても記述式の回答を求めた。特にゲームに関しては、「ドラゴンクエスト」、および「ファイナルファンタジー」シリーズを挙げた者が多い。単なるバトルゲームよりも、シミュレーションやロールプレイングゲームの方が、当時の高校生には人気があることが明らかになった。

この調査結果からも、時代とともに学習者が変容していることが明らかになる。子どもを安易に批判するだけでなく、「子ども文化」の実態とその本質にしっかりと目を向ける必要がある。

わたくしは「子ども文化」に着目して、彼らが共通して興味・関心を寄せるサブカル教材の開発を続けてきた。たとえばゲームは、単なる「興味・関心」にとどまらず、もっと広く子どもたちの「文化」を形成している。朝の通学時の高校生を見ると、男子も女子も共通してスマートフォンを手に、イヤホンを付けてしきりに操作を続けている。画面には、スマホアプリによるゲームが表示されていることが多い。もはや彼らのファッションと化したかのように、無心にスマートフォンの画面を眺める子どもたち。わたくしたちの知らない場所で、彼らは着実に自らの「文化」を育んでいる。

子どもたちの行動を排斥し、大人の価値観を強要するだけでは本質は見えてこない。もっと「子ども文化」そのものに着目し、「子ども文化」の内側から発想をするという手続きも必要になる。わたくしはサブカル教材の可能性を追究してきたが、本節では最もアプローチが困難と思われるテレビゲームを取り上げ、国語科の授業での実践の可能性について検討を加えることにする。

2 「ドラゴンクエストⅣ」への着目

テレビゲームのゲームソフト「ドラゴンクエスト」シリーズが異常なほどの人気を集めるようになったのは、よく知られた現象であった。発売日前から、ゲームソフトを求める青年や父母の長い列が店の前にできる。発売日には学校を欠席した児童・学習者も出たこともあって、この「ドラクエブーム」は一つの社会問題としてマスコミでも何かと取り沙汰された。

『朝日新聞』(一九八八年九月三日付)に次のような社説があった。

爆発的な関心を集めているテレビゲーム。そのなかでは、多彩な武器によって無数の命が消されていく。そして、命はいくつでも交換がきく。／虚構と現実の区別がつかないとは、というのはおとなの発想だろう。同じ内容を繰り返されれば、ついにはだれもが信じてしまうものだ。

当時「大人」からは様々な批判を浴びせられたゲームだが、子どもたちからはいっこうに遠ざかることはなく、「爆発的な関心」を集め続けている。そして、「ドラゴンクエストⅣ」が発売されたとき、その異常な反響には前作を上回るものがあった。

何がかくも彼らを引き付けるのだろう。単に批判し排除するだけではなく、もっとその本質を見極めようという姿勢も必要ではないか。そして、テレビゲームとは無縁なはずの国語教育という営みの中に、ゲームの子どもたちの心を捉える要素を取り込む余地がある。わたくしはこのゲームソフトに関して検討を加えたうえで、その教材化を試みようと思った。

決して奇を衒うわけではない。わたくしは特に国語科の表現指導の領域で、「ドラゴンクエストⅣ」を導入できるという感触を持った。何よりも、学習者の表現意欲の喚起という点において、教材としての挑発性および起爆力が十分に内在しているのである。

わたくしは表現指導の基盤として、次の三点を考えることにしている。

① 学習者の表現意欲の喚起
② 表現のための具体的な場の設定
③ 「教室の文化」の活用

第一に、学習者に表現を強要するのではなく、表現したいという意識を持たせるところから出発する。彼らの表現意欲を喚起して、進んで表現させるような魅力あるテーマが設定できればよい。そして、表現のための具体的な場所を授業の中で保障することが重要である。さらに、学習者が表現したものは、必ず教室で何らかの形で交流させ、学習者相互で評価をさせる必要がある。

以上の三点を踏まえつつ、「ドラゴンクエスト(以下「ドラクエ」と称する)Ⅳ」を教材とした単元をいくつか考案してみた。今回わたくしが考案した単元とその概要は、以下のようなものである。

① 「ドラクエⅣ」の世界

まず、学習者を「レベルA」と「レベルB」の二つのグループに分ける。「レベルA」は「ドラクエⅣ」についてよく知っている者、これに対して「レベルB」はあまりよく知らない者とする。表現の課題は、「ドラクエⅣ」とはどのようなゲームのことか、分かりやすく説明するというものである。限られた時間で、限られたスペースで、何をどのように伝えるべきかを検討する。AはBに対してどのように説明するかを検討し、BはAから何を聞き出すかを検討する。それぞれ発表の後で、BによるAへのインタビュー、およびAとBとの対談も実施する。教材として、ゲームの「取扱説明書」および「攻略本」の目次を用意する。

② 「ドラクエⅣ」の詩

「ドラクエⅣ」はBGMにも人気が集まる。そこでそのゲーム・ミュージックを聞いて、想起したイメージを自由に詩の形式で表現する。特に形式にはこだわらず、短いことばで自由に表現する。完成した作品をクラスの中で発表し、全員で鑑賞する。そのゲーム・ミュージックをBGMとして、作品を朗読するように工夫する。音楽の表現を言語の表現に置き換えるという作業は、学習者の関心を喚起する。参考に、ゲーム・ミュージックをBGMとした詩の朗読をテープによって紹介する。

③ 「ドラクエⅣ」の劇

「ドラクエⅣ」のワンカット・ワンシーンをシナリオにしてみる。たとえば第五章「導かれし者たち」の冒頭のストーリーがふさわしい。登場人物の行動にせりふを付ける。ストーリーは自由に創作させる。シナリオができたら、配役を決めて読む。効果音やＢＧＭを入れて、カセットテープに録音する。クラスで作品の発表会を実施し、相互評価をする。

④「ドラクエⅣ」の手紙

次の(1)〜(4)に分けて、それぞれ手紙文を書くことにする。

(1)キャラクターの独白

好きな登場人物を一人選ぶ。その人物になったつもりで、「モノローグ」を創作する。場面は自由に選ぶ。文章で書き、その後発表する。

(2)キャラクターからキャラクターへ

好きな登場人物を二人選ぶ。そのうちの一人から他の一人に向けて、手紙を書く。学習者二人で手紙のやり取りをする。

(3)キャラクターからプレイヤーへ

好きな登場人物を一人選ぶ。その人物になったつもりで、ゲームをする人にあてて手紙を書く。「ドラクエⅣ」について知識がない学習者は、受け取った感想を手紙にする。

(4)プレイヤーからキャラクターへ

今度はゲームを楽しむ側から、ゲーム内の人物に向けて手紙を書く。さらに、別の学習者が返事を書く。

⑤ 「ドラクエⅣ」で描く

次の(1)〜(3)に分けて、それぞれ表現の課題を提出する。

(1)映像の文字化

「ドラクエⅣ」の一場面を録画して鑑賞する。その内容をできる限り正確にことばで表現してみる。クラスを半分に分けて、一方が書いた文章を他方が読んで、その後で映像を見る。そのイメージの差異を話題にする。

(2)「攻略本」を書く

市販されているものを参考にして、よりふさわしいもの、より効果的なものを目指す。実際に作成する必要はない。どのような内容を載せるべきかの検討にとどめる。目次とその概要を整理させる。グループ学習の形態を導入する。

(3)地図から生まれる物語

「ドラクエ」シリーズの「地図」の一部を教材にする。地図を見て、その地図から様々な冒険の物語を創作する。参考に「小説ドラゴンクエスト」や「ゲームブック・ドラゴンクエスト」などを紹介する。

⑥ 「ドラクエⅣ」の魅力を語る——シンポジウムの試み

「ドラクエⅣ」は、どこがどのように面白いのか。なぜ異常なほどの人気を集めることができたのか。その点をめぐって話し合いをする。提案者四名、司会者一名で、シンポジウムの方法によって展開する。提案の時間は一人五分とし、質疑応答も含めて実施する。

⑦ **徹底討論・テレビゲームは是か非か——ディベートの試み**

「A肯定側」と「B否定側」とに分かれる。それぞれから代表者を3名〜5名選ぶ。代表者は次の順序でディベートを実施する。(1)A立論 (2)B反対尋問 (3)B立論 (4)A反対尋問 (5)作戦タイム (6)B反駁 (7)A反駁 (8)判定。ディベートの過程で随時指導を実施し、効果的な議論が展開できるように配慮する。また終了後には、評価を実施する。

⑧ **「ドラクエⅣ」論を書く**

①〜⑦の学習をまとめる単元である。学習者各自の立場から、自由に「ドラクエⅣ」を論ずる。話題が学習者にとって身近なものであるため、作文が不得意と訴える学習者でも、抵抗なく書くことができる。ゲームに関心のない者は、その理由を書く。

このように、多様な単元を構想することができる。いまの高校生はまさしくゲームを楽しむ世代である。簡単な調査をすると、わたくしの前任校の場合、当時はほぼ全員が何らかの形でテレビゲームを体験していた。文学作品を教材にする場合、学習者がその作品を読んでいると、授業がスムーズに展開することが多い。「ドラクエⅣ」が教材となると、改めて「予習」の必要もない。安易な教材化を奨励するつもりはないが、国語科の授業の中で十分に生かせる可能性はある。

3　「ドラゴンクエストⅣ」を用いた授業とは

いま紹介した「ドラクエⅣ」にかかわる単元の構想を、わたくしは高校一年生の「国語Ⅰ」の授業において、「投げ込み教材」の扱いで実践した。続いて実際に授業で扱った単元に関して、学習者の反応を交えて簡潔に紹介する。なお、わたくしが実践したのは先に紹介した①「『ドラクエⅣ』の世界」、②「『ドラクエⅣ』の詩」、⑦「徹底討論・テレビゲームは是か非か——ディベートの試み」の三単元である。以下に、具体的な授業の概要を紹介する。

①「ドラクエⅣ」の世界

(1)目標

　i　身近なテレビゲームの話題で主体的・積極的に表現する。
　ii　限られたスペース・時間の中で的確な説明をする。
　iii　進んで表現することによって表現を楽しむ。
　iv　人の表現したことばを聞いて適切に評価する。

(2)教材

テレビゲーム「ドラクエⅣ」、およびその取扱説明書。

(3)学習の展開

　i　まず、学習者を二つのグループに分ける。すなわち、「ドラクエⅣ」についてよく知っている、所有している、プレイしたこともあるという学習者を「レベルA」とする。さらに、あまりよく知らない、所有していない、プレイしたこともないという学習者を「レベルB」とする。

ii　レベルAの者は、「ドラクエⅣ」とはどのようなゲームかと問われたら、どのように答えるかを検討する。またレベルBの者は「ドラクエⅣ」について、どのようなことがより詳しく知りたいかを検討し、それぞれ「授業レポート」に記入する。

iii　レベルBの者から発表する。発表を聞いてどのような情報が要求されているかを整理する。続いてレベルAの者が発表する。どの学習者の発表が最も分かりやすいか。その理由もあわせて考える。

iv　BによるAへのインタビューを実施する。

v　AとBによる対談を実施する。

vi　参考に「ドラクエⅣ」の「取扱説明書」の目次を紹介する。このゲームをユーザー側に説明するのに、メーカー側ではどのような工夫がなされているかも確認する。

② 「ドラクエⅣ」の詩

(1)目標

i　音楽を聴いて想起したイメージをことばで表現する。

ii　人の表現したことばを聞いて評価する。身近なテレビゲームの話題で表現を楽しむ。

（2）教材
テレビゲーム「ドラクエⅣ」のゲーム・ミュージック、ビデオ「ドラゴンクエスト・ファンタジービデオ」

（3）学習の展開

ⅰ　まず「ドラゴンクエスト・ファンタジービデオ」の映像の一部を紹介する。映像を見て感じたこと、考えたことを自由にメモさせる。

ⅱ　続いて映像を消して、ＢＧＭのみを流す。音楽を聞きながら、イメージしたことをメモさせる。

ⅲ　音楽のみの場合と映像が入った場合とを比較して、その相違点を考えさせる。

ⅳ　次に「ドラクエⅣ」の第一章のゲーム・ミュージック「戦士はひとり征く」のテープを流す。音楽を聞きながら、感じたこと、考えたことを自由に、できれば詩の形式でメモする。

ⅴ　完成した作品を発表する。作品はＢＧＭに合わせて朗読する。朗読された作品については、クラスの中で相互に鑑賞して、感じたことをメモしておく。

ⅵ　全く異なる曲調の音楽として、「ドラクエⅣ」のゲーム・ミュージック「戦闘――生か死か」を紹介する。同じように、連想したことを詩の形式で自由に書く。

ⅶ　この作品も同様に発表し、クラス内で鑑賞、相互評価を実施する。

ⅷ　参考として、著名な詩人・歌人の自作朗読テープを紹介する。「戦士はひとり征く」と「戦闘――生か死か」のゲーム・ミュージックをBGMにする。ちなみに、前者をBGMにした朗読には俵万智「八月の朝」を、後者には谷川俊太郎「リンゴへの固執」を、それぞれ選択した。発展課題として、好きな詩についてBGMを入れて朗読するように促す。

③ 徹底討論・テレビゲームは是か非か――ディベートの試み

(1)目標

i テレビゲームという身近な題材を見直し、それに対する自分自身の意見を確立する。

ii テーマに対する自分の意見を持つ。自分の意見を的確に表現する。

iii 討論を通して考えを深め、改めてテレビゲームおよび「子ども文化」全体に関する視野を広げ、自己認識を深める。

(2)教材

ディベートの方法について解説した資料。

(3)学習の展開

i 「テレビゲームは是か非か」というテーマに関する自分自身の意見を持つ。肯定派と否定派とに分かれる。

ii それぞれの代表者を三名ずつ選出し、別に司会者一名も決める。

iii 代表者と司会者の七名は、教室の前へ出る。他の学習者は少し机を下げてから、ディベートを開始する。

ⅳ　まず肯定派から、その理由・根拠について発表する。
ⅴ　次いで否定派が、それを批判する質問と、否定の理由・根拠を発表する。
ⅵ　交替して肯定派の方が質問をする。
ⅶ　三分間の「作戦タイム」を経て、否定派・肯定派の順で相互に反論を述べる。
ⅷ　クラス全体で挙手によって「判定」し、勝敗を決定する。

4　子どもたちはどう学んだか

いま紹介した三種類の授業を投げ込み的に実践したわけだが、次に授業の状況と学習者の反応について言及する。

①「ドラクエⅣ」の世界

最初の単元『ドラクエⅣ』の世界」では、限られた時間内に的確に表現できるかどうかという点が問われることになる。きわめて複雑な「ドラクエⅣ」というゲームについて、要点を押さえていかに簡潔に説明するか、様々な工夫が要求される。また、このゲームに関する知識が乏しい学習者には、逆にどのようなことを知りたいかを問うてみた。どちらも、まず「授業レポート」に記入してから発表する。

最初に質問事項から発表させたが、彼らはたとえば次のような疑問を投げかけた。

「ドラクエⅣ」はどのような点が面白いのか。／どうして異常なほどの人気があると思うか。／シリーズの「Ⅰ」〜「Ⅲ」はどこがどのように違うのか。／どのようにしてレベルを上げるのか。／どのようにして楽しむのか。／クリアするまでに、どのようなプロセスがあるのか。／ゲームの基本となるストーリーはどのようなものか。／人気の年令層がどうして広いのか。

このような疑問に対して、「ドラクエⅣ」に通じている学習者はどのように答えるのだろうか。続けて主な説明を引用する。

a 戦闘を通して主人公が経験を積み、様々な敵を倒しながら成長していくゲーム。途中にある多くの謎を解きながら、最後のボスを倒すことが目標となる。

b 他のゲームとは異なって、自分自身が「勇者」となって、自分の意志で行動できる。また、様々な個性ある仲間と出会うこともできる。

c 知性、記憶力、忍耐力を必要とするロールプレイングゲーム。

d 反射神経を使うものではなく、いろいろと考えてコマンドを選択して進んでいくゲーム。

e 全五章から成るゲームで、各章ごとに様々なキャラクターを持った主人公がいる。敵と戦って倒す楽しみ、謎を解く楽しみ、仲間と出会う楽しみ、それに加えてキャラクターデザインのかわいらしさ、ゲーム・ミュージックのよさなどが人気の理由だと思う。

f モンスターを倒すとゴールドが得られる。それを使っていろいろな装備や道具を購入する。金儲けの楽しみもある。

g　とにかく現実にはありえないことなので、夢があって楽しい。

このように考えるところを発表させた後で、二人の学習者による対談も取り入れた。さらに参考として、「ドラクエⅣ」の「取扱説明書」を取り上げて、作成した側の説明を検討し、学習者の発表と比較した。そして最後に、分かりやすく説明するための留意事項を話し合った。彼らから挙げられた事項は、たとえば次のようなものである。

a　ゲーム専用の用語(レベル、経験値など)は用いずに、誰にでも分かりやすい用語で説明する。
b　あれもこれも説明せずに、説明したいことをしぼって明確にする。
c　抽象的なことは言わずに、できる限り具体的に説明する。
d　あまり細かい点には触れずに、全体の概要を説明した方がよい。
e　質問された場合、常に質問した側の立場に立って説明する。
f　具体的な場面の例を挙げて説明する。
g　特に面白い点は詳しく説明するとよい。

② 「ドラクエⅣ」の詩

次の単元「ドラクエⅣの詩」に関しては、学習者が創作した主な「詩」を紹介する。

(1)ゲーム・ミュージック「戦士はひとり征く」より

a　僕は今　雲の上／傷ついた体が安らぐようだ
b　ぬけるような青空／すきとおり　限りない海／しずかな波しぶき

c　青い空の下で／さわやかな泉がわいている／何という気持ちよい静けさだろうか
d　平和でのどかな自然の一日／のどかな人が平和に暮らす
e　果てしなく続く草原／額にうっすらかいた汗／そよ風でほんのりと冷たい
f　歩いて行こう／そこには希望が満ちている
g　広大な海／広く高い空／静かなさざ波／行く末をいざない／船を進める僕ら

（2）ゲーム・ミュージック「戦闘——生か死か」より
a　生と死の瀬戸際／戦いの最中／危機感／恐怖感
b　敵が近付いている危ないぞ／敵が近付いている危ないぞ／もうだめか逃げるしかない
c　息詰まるデッドヒート／ゴールまであと二〇〇m／一〇〇m／五〇m……
d　危険な戦い／激しい戦い／そして生死をかけた苦しい戦い
e　すばやい守備／力強い攻撃／風雨の中で／魔物との戦い
f　危機からまた危機／たいへんだ　たいへんだ／さあまた危ないぞ
g　苦しみに立ち向かえ／耐えて　耐えて／耐えるんだ

③　徹底討論・テレビゲームは是か非か——ディベートの試み

高校一年生の学習者に「テレビゲームは是か非か」を問うてみると、圧倒的に「肯定派」が多い。一クラス五〇名の中で「否定派」は僅か九名で、残る三九名が「肯定派」、そして二名の「中間派」もあった。時間の制限があって十分な討論はできなかったが、以下に肯定・否定両派の論拠を紹介したい。まず、それぞれ主な意見を列挙する。

1　肯定派の意見

たとえば、勉強した後の気分転換になってよい。／想像力を広げることができる。／ストレスを解消することができる。／ゲームを通して友人とのコミュニケーションができる。／時間を決めて楽しめば問題はない。／集中力が養える。／教養が身につくゲームもある。／夢を現実にすることができる。／現実の欲求不満がゲームの世界で解消できる。／とにかくやっていて楽しい。

2　否定派の意見

目が悪くなってしまう。／小人数でしか楽しめない。／買うのに高い経費がかかる。／外で遊んだ方がよい。／健康によくない。／ゲームの中で命が粗末に扱われる。子どものころからそういうものだと思っていると、将来が不安である。

以上のような意見をたたかわせて、ディベートを試みた結果、相手方への反論という形で提示された主な意見を、続けて紹介する。

3　肯定派の反論

外で遊ばなくなると言うが、東京にはそのような場所はない。むしろ室内の方が危険が少なくて好ましい。／ゲームばかりするのではなく、スポーツもするから問題はない。／目が悪くなると言うが、画面との適度な距離を保つようにすればよい。／命が粗末に扱われると言うが、それはあくまでもゲームの中だけのことで、現実にはつながらない。

4 否定派の反論

現実に「幼女誘拐殺人」などの犯罪も起きている。現実と非現実の区別がつかなくなってしまうこともあり得る。／外で遊ぶ場所は工夫すればいくらでも発見できる。やはり外で元気に遊ぶべきだ。／どうしても時間をオーバーしてしまうので、絶対に健康にはよくない。

以上のような意見が学習者から出された。

5 ゲーム教材の可能性

今回の実践は、「投げ込み」としての扱いで、本格的な単元学習というわけではない。先に紹介した単元の中から試みに三つの小単元を扱ってみたわけだが、学習者の受け止め方はどうだったのであろうか。まず、授業に対する学習者の主な感想を引用する。

詩を書くとき、イメージがあまりよく浮かばなかった。／普段の授業とは違った新鮮味があった。何気なくやっていたテレビゲームが我々に与える影響の大きさを知って、驚いた。／音楽を詩で表現するというのは初めはとまどったけれど、けっこうおもしろいものだった。／とても楽しい授業だった。今後もこういったテーマで学習したいと思う。／テレビゲームを教材にすると聞いて、どんな授業になるのかと思っていたが、チャンとした授業だったので驚いた。

／「ドラクエⅣ」は面白いゲームだと思う。僕たちの身近なところにあるゲームが教材だったので、とても楽しく表現することができてよかった。／一時間がとても短かった。もっと授業があってもいいと思った。

これらを見る限り、学習者は今回の試みを積極的かつ肯定的に受け止めてくれたように思う。少なくとも、当初目標とした三点、すなわち、表現意欲の喚起、表現の場の設定、教室の文化活用による学習者の相互評価の実施という点に関しては、相応の効果を確認することができたと思う。決してゲームを奨励するわけではない。ただ、いまや「子ども文化」として定着したものから目を背けることはできない。「子ども文化」の本質を見詰めて、そこから出発するという国語教育も模索するべきではないか。教師の方に学習者を引き込むばかりでなく、教師の方から学習者の世界に入ってゆく努力を惜しみたくはない。

今回は無数のゲームソフトの中から、特に学習者の人気が集中した「ドラゴンクエスト」シリーズの「ドラクエⅣ」を選んでその「教材化」を試みたわけだが、もちろん「ドラクエ」以外のゲームソフトでも様々な学習活動が可能である。

ところで、そもそもわたくしが本節で紹介したような単元を考案したのは、本書の「はじめに」で引用した中学一年生の作文「小学校の恩師への手紙」の衝撃からであった。小学校低学年のころから学習塾に通い、様々な選抜試験を経て一流の学歴を得ることによって大手企業への就職へと至る制度の中に、しっかりと組み込まれてしまった学習者たち。自分自身の現実と周囲の状況を把握する間もなく、与えられたシステムを生きるしかすべのない彼らを前にして、わたくしたちはいったい何をするべきなのだろうか。いや、わたくしたち教師にいったい何ができるのだろうか。ともすると制度からの解放どころか、安易な管理システムによって、さらに強力な制度の中へと彼らを追い込むことになりかねないという現実がある。

わたくしたちの知らない世界で、わたくしたちが気付かないうちに、学習者は着実に成長している。スマートフォンのイヤホンを付けたまま、マンガを読み耽る姿、そしてネットやゲームのとりとめのない話題に興じる姿に違和感を覚えながらも、わたくしたちは彼らにとって少しでも価値ある学習活動を模索しなければならない。今回のささやかな試みは、学習者の「子ども文化」に目を向けるところから出発した。

テレビゲームというメディアに着目して、その世界に僅かながらもかかわってみると、実に多くの未知なる現実が少しずつ見えてきた。非現実の空間の中に、現実が切り捨ててしまった子どもたちの夢が棲息している。子どもたちはゲームの虚構の中で、自らの夢を育み、そのことによって空虚な現実を救おうとする。考えてみれば、「文学」との接点も考えられる営みである。そしてゲームは、何よりも学校や授業が断念してしまった「面白さ」と「楽しさ」を与えてくれる。教育とは無縁なものとして排除する前に、その本質的な部分に目を向けてもよいのではあるまいか。「子ども文化」に着目して、その内側から国語教育との関連を模索しようという方向、そしてサブカル教材を用いた国語教育の可能性の追究を続けたい。

5-3　サウンドノベルを活用する

1　問題はどこにあるのか

国語教育の不易と流行それぞれを含む多様な領域の中で、「書くこと」の学習指導は常に確かな位置を占めてきた。これまでに公にされた先行研究や実践は、夥しい量に及ぶ。さらに注目すべきは、小学校から大学に至るまでのすべての校種で、作文指導が繰り返し実践されているという事実である。にもかかわらず、学習者はなかなかよい文章を書くことができない。その原因について考えてみると、次のような問題点を指摘することができる。

① 日常生活の中で公的な文章を書く機会が少ない。

学習者の日常生活の様子を見る限り、友人との間でメールやラインのやり取りをするような私的な活動が多く、公的な文章を書く機会はほとんどない。学校で学習した文章の書き方を身近な場所で実際に生かすことが困難なため、表現力が定着しにくい。

② 学校で書く作文に興味が持てず、書くことに意欲的になれない。

学校で課題とされるものは、強制的に書かされるという意識もあって、学習者が自主的に意欲を持って取り組めるものとはいえない。特に行事作文と称される作文や読書感想文などは、学習者が主体的に取り組める課題とはなりにくい。

③　効果的な指導法が開発されず、文章表現技術を習得することができない。

文章の書き方に関する文章表現技術が効果的に指導されていないことから、学習者が具体的な技術を習得できず、文章表現能力も伸びない。試みに大学生に、中学・高校の国語科で文章表現技術の指導を受けたかどうか尋ねると、ほとんどの学生が印象に残るような指導はなされなかったと答える。研究が進んではいるものの、体系的な書き方の指導は実践されていないという実態がある。

④　カリキュラムの面で、体系的な文章表現指導が確立しにくい。

国語科の教科書では、作文の単元が途中数箇所に分散していることから、年間を通しての体系的な指導が実施しにくい。「国語表現」という科目が高等学校の学習指導要領に設置されたものの、科目の趣旨が十分に理解されず、教育現場のカリキュラムに根付いてはいない。

大学における授業に目を向けると、多くの大学で「国語(文章)表現法(論)」の類の講座が設置されていることが、ホームページ上で公開されているシラバスからも確認することができる。高等学校までの段階で、すでに十分な時間をかけて作文指導が展開されているにもかかわらず、大学では卒業論文を書くための文章表現力に乏しい学生がいるという実態を受けて、作文指導に関わる講座を必修科目にしているわけである。いま整理した問題点の最後に挙げたように、高等学校までは文章表現に関する授業を年間のカリキュラムに体系的に位置付けることが困難であった。大学のカリキュラムになって初めて、文章表現が年間を通して扱われるようになるという実態がある。

いま掲げた問題点は、そのまま作文指導の今後の目標に直結する。すなわち、以下のような目標が問題点に対応することになる。

① 公的な文章を書く場所を設定する。
② 文章表現に対する興味・関心・意欲を喚起する。
③ 文章表現技術指導を徹底する。
④ 体系的な文章表現指導のための年間カリキュラムを作成する。

本節では、以上の四点を目標に据えた文章表現指導の展開に向けて、具体的な授業の構想を提案する。特に第二と第四の目標達成に重点的に配慮しておきたい。このうち第四点に関連して、わたくしの前任校では私立学校という特色を生かして、独自のカリキュラムに基づく授業を展開することが可能であった。すなわち、年間を通して表現の指導を実践する科目を設置して、表現指導を重点的に実施したのである。その中には、文章表現のみではなく、「話すこと」すなわち音声表現指導の領域に関わる実践も含まれている。ここでは一九九五年度の中学一年生を対象としたわたくし自身の実践を元にして、いま掲げた四点に目配りをしつつも、特に第二の表現に対する学習者の興味・関心の喚起という点を最大の目標とした授業の構想を、具体的に紹介することにしたい。

「書くこと」に対する興味・関心の喚起という目標を達成するために、わたくしは創作を中心とした作文指導を取り入れることにした。学校では、主に行事作文や読書感想文、そして受験に関連した小論文などがよく取り上げられるものの、創作を重点的に扱う授業は決して多くはない。しかしながら、表現意欲喚起という目標を掲げたとき、創作させることの意味は大きい。ちなみに二〇〇八年版中学校学習指導要領では、創作に関する言語活動例が示されている。すなわち、中学校第二学年の「書くこと」に次のような言語活動例が見られる。

ア　表現の仕方を工夫して、詩歌をつくったり物語などを書いたりすること。

そこで、作文指導における文種として創作文を取り上げ、表現と理解の関連指導につなげることにする。さらに加えて、学習者が日ごろから関心を寄せるゲームの内容を効果的に授業に取り入れる方法を工夫してみたい。

2　授業の構想

まず「書くこと」の学習指導では、どのような文章を書かせるのかということが問題になる。教科書の表現単元においても、多様なジャンルの文章を書く活動が展開されている。試みに、国語科教科書の中で取り上げられる主なジャンルを列挙すると、次のようになる。

自己紹介文　手紙　生活作文　体験文　日記　記録　観察　スケッチ
説明文　解説文　紹介文　報告文　感想文　意見文　論説文　創作文

中学校の国語科教科書においては、これらの文章を広く扱う機会を設けているわけだが、実際の授業における「書くこと」の活動は特定のジャンルに限られる。特に「創作文」に関しては、指導や評価の困難からも、なかなか書く機会が少ない。しかし、学習者の表現に対する興味・関心、および表現意欲喚起という点を重点目標とする際に、創作文を書くという活動を取り上げる価値は少なからずある。

一九九五年度に担当した国語科の授業では、中学一年生を対象に表現の特設単元を扱った。実施の時期は後期の後半である。前任校では、当時「国語」を五単位設置し、それを三単位と二単位に分けて、別個の担当者が扱うという方式を取っていた。わたくしが担当したのは二単位の「国語Ⅱ」という科目である。前任校は当時男子校で、中学一年生は四クラスの編成となっていた。わたくしが担当したのはそのうちの二クラス、在籍はともに五二名であった。他の二クラスの担当者、および三単位の「国語Ⅰ」を四クラス通して担当する担当者との連絡を密にしながら、週に二時間の授業を展開することになった。「国語Ⅰ」は主に教科書教材を中心とした読解の授業を中心に、国語教育全般に関わる内容を扱う。そして「国語Ⅱ」では、主に表現を中心とした内容を扱うことにした。週に二回、表現を重点的に取り扱う授業を年間のカリキュラムに組み込んだのは、前項で述べた指導目標の第四点に対する対応策として位置付けることができる。

前述の第一・第二の目標と関連させて、中学一年生を対象とした「国語Ⅱ」の授業の目標として、次の二点を掲げることにした。

① 個々の学習者の表現意欲を喚起し、表現に対する興味・関心を引き出す。

② 実際に表現活動の場を多く設定し、実際の表現活動を通して表現力の育成を図る。

以上の目標のもとで、学習活動として設定したのは次のような内容である。タイトルからも明らかなように、すべて表現を「楽しむ」という要素を中心に構想した。それぞれの学習テーマに要する時間は約二箇月間となっており、カッコ内は実際の学習を展開した日程である。なお、それぞれのテーマの間には四回の定期試験の日程が入る。

(1)身近な表現を楽しむ(四月〜五月)

見立ての詩、歌詞、マンガなどを教材として、比喩表現やオノマトペなどの身近な表現の問題に目を向ける。

(2)音声表現を楽しむ(六月〜七月)

スピーチ、ナレーション、語り、対話、パネル・ディスカッション、インタビューなどの音声言語表現に関わる活動を一通り体験させる。

(3)演劇を楽しむ(九月〜一二月)

演劇集団キャラメルボックスの『広くてすてきな宇宙じゃないか』という戯曲を取り上げて、戯曲の読解から演劇の上演までを扱う。

(4)創作を楽しむ(一月〜三月)

この内容に関しては、後で詳しく紹介する。

本項では、これらのうち(4)の「創作を楽しむ」というテーマの学習活動を取り上げる。なお、今回紹介する授業で目指す学習活動と学習の形態は、次のようなものであった。

① 理解教材との関連学習の実施

使用する教科書(三省堂版『現代の国語1』)の理解教材である「空中ブランコ乗りのキキ」との関連を重視した、表現と理解の関連学習を実施する。なお、授業で使用する主教材は、別役実の「空中ブランコ乗りのキキ」(三省堂版国語科教科書『現代の国語1』に収録)である。「国語I」の担当者と連絡を取りながら、教材の文章を「読むこと」の学習が一通り終了したことを受けて、取り組むことにした。

② グループ学習の導入

表現の学習にグループ学習という形態を導入して、学習効果を高めることに配慮する。すなわち、クラス、グループ、個人のそれぞれのレベルで学習が効果的に展開するような指導計画を練る。

③ 学習へのテレビゲームの導入

一九九五年当時の勤務校は男子校であり、男子中学生が共通して興味・関心を持っているのはテレビゲームである。そこでそのテレビゲームの内容から、国語科の学習活動に取り入れる可能性のあるものを選び、実際に授業に取り入れることによって、学習者の学習への参加意欲を喚起することが目標である。

④ ブックメイキングの活動による学習の総括

ブックメイキングという形態によって学習を総括し、文章のみならず本を作るという創作活動を通して学習者の表現意欲を促進する。

本書で取り上げた実践に共通することだが、わたくしは「研究の手引き」および「授業レポート」と称するプリントを原則として毎時間作成し、学習者に配布する。さらに必要に応じて「研究資料」として授業中に参照する教材や資料を作成した。

なお評価に関しては、定期試験点およびレポートなどの提出物、授業中の状況や各種課題に対する取り組みなどを総合的に評価することにした。そして平常の科目の評定はすべて一〇点満点で算出することになっていたが、「国語Ⅰ」を六〇点満点、「国語Ⅱ」を四〇点満点として評定を算出し、二つの科目の評定を合計したものを一〇点満点に換算することによって「国語」の評定とした。

3 「かまいたちの夜」から「空中ブランコ乗りのキキ」へ

学習の配当時間は全一二時間とした。以下に時間ごとの学習目標および主な学習活動を具体的に紹介する。すべての指導過程を記述することによって、表現意欲喚起を目標としてゲームを導入した具体的な実践の概要を明らかにしてみたい。

① 第一時

まず第一時の目標は、担当者の解説によって授業の趣旨を理解させることである。さらに続けて、学習の方法を理解させるということも重要な目標になった。

学習活動は、教材と授業の方法に関する説明から入る。教科書の「空中ブランコ乗りのキキ」を取り上げる旨を説明して、単にこの物語を読むだけではないということ、そして表現活動を通して物語の内容を深く理解するための学びであることに言及する。続けて、テレビゲームのジャンルの一つとして「サウンドノベル」というものがあることに関して、説明をする。サウンドノベルに相当するものとして、「かまいたちの夜」「街」「弟切草」などのソフトが当時発売されていた。授業はこれらのゲームの面白さの解説から始める。

② 第二時

第二時の目標としては、次の三点を掲げておく。まず第一点は、「かまいたちの夜」というゲームソフトの脚本担当者我孫子武丸の「初級サウンドノベル制作講座」(『公式ファンブック・かまいたちの夜』〈チュンソフト、一九九五・二〉に収録)を読んで、サウンドノベルにおける「分岐」作成の要領を理解することを目標とした。第二点は、教科書教材の「空中ブランコ乗りのキキ」を読んで、ストーリーの概要を把握することである。この目標に関しては、「国語I」担当者との連絡を密にして、「読むこと」の学習でどのようなことを扱ったのかを確認しておく。そのうえで第三点として、「空中ブランコ乗りのキキ」における「分岐」作成が可能な箇所について考えてみる。

実際の授業ではまず、サウンドノベルの基本コンセプトの一つは、インタラクティブ性にあるということを確認する。普通の小説は、基本的には一つのストーリーしかない。サウンドノベルでは、途中にいくつかの「分岐」が現れる。その分岐の中の一つを読者すなわちプレイヤーが選択することによって、多様なストーリーが展開する。そして結末はマルチエンディングタイプになる。すなわち選択した分岐によって、結末はまったく異なるわけである。

次に、サウンドノベルのゲームソフトの一つ「かまいたちの夜」を紹介する。このゲームの脚本は、推理小説作家我孫子武丸の担当である。小説版「かまいたちの夜」と、分岐に関する我孫子の解説文を紹介する。ストーリーの分岐をどこで、どのように作るのかという点に関して、我孫子の考え方を参考にする。本時には「研究資料」で紹介して、続く第三時には、テレビゲームの内容を映像に収録したうえで、それを授業中に放映することにした。特に分岐によってストーリーが変わる箇所を中心に、あらかじめゲームの映像を編集する。

そこまでを導入として、教科書教材の別役実「空中ブランコ乗りのキキ」を読む。すでに「国語Ⅰ」の授業で扱ったことを確認して、直ちに次の二つの観点からストーリーの概要をまとめるという課題に取り組ませた。

(1)登場人物

主な登場人物を抜き出す。人物名と、その人物に関する情報を記入する。

(2)事件

この小説における「事件」、すなわちストーリーの展開の概要を整理する。

続いて、この小説の中でストーリーの分岐が作れそうな箇所はどこかを考える。クラスの中で意見交換をしたうえで、その中で最も適当な場所を一つ選んで実際に分岐を作る。各分岐の選択肢の数は二つとする。家庭学習の課題として、第四時にその内容を確認することにした。

③　第三時

第三時は、視聴覚資料を提示できる装置のあるＡＶホール（視聴覚教室）で授業を実施する。第三時の目標は、実際のサウンドノベルを体験して、その主な特徴を把握すること、そして特に分岐の作り方を理解することである。

授業ではテレビゲームにおけるサウンドノベルの代表作として知られる「かまいたちの夜」を、ＡＶホールで実際に紹介する。ただしゲームとしてではなく、あくまでもサウンドノベルというジャンルの理解のために鑑賞することになる。

ここでは特にストーリーの分岐に注意させることにした。どのような場面で、どのような分岐が現れるかをよく確認して、「空中ブランコ乗りのキキ」においてストーリーの分岐における選択肢を作る際の参考にさせた。学習者は、実際にサウンドノベル「かまいたちの夜」について発見したことをまとめる。特にストーリーの分岐の特色についての発見をまとめることになる。

④　第四時

第四時の目標は、次の三点とした。すなわち、まず教材とした「空中ブランコ乗りのキキ」について、登場人物の特徴を把握すること、次いで主な事件の展開を把握すること、教材の中で、ストーリーの分岐を作ることができる箇所を探すことである。

教材とした「空中ブランコ乗りのキキ」は、「国語Ｉ」の授業においてすでに学んでいることを前提とした授業を展開する。まず「人物」に関して考える。この物語には、どのような人物が登場するのかを、その特徴もあわせて整理する。続いて「事件」に関して考え、ストーリーの流れを図式化してみる。そこまでを基礎作業として、続いて、サウンドノベルの大きな特徴としての分岐に関して、この物語の場合、たとえばどこに分岐を設けることができるかを検討する。学習者は、すでに第二時の家庭学習の課題においてあらかじめ分岐を作ることができる箇所を考えてある。それを交流してクラス全体で考えることが、本時の主な学習活動である。なお第五時には比較的多くのメンバーが選んだ箇所について、実際に二つの選択肢を作るという活動に移ることになる。ちなみに選択肢を設ける場合には、続くストーリーの展開はおおむね次のようなタイプになる。

A　原作のストーリー展開に近いもの。

B　原作とは異なったストーリー展開になるもの。

C　奇抜で、思いもよらないような、意外な展開になるもの。

授業では個々の学習者が考えた分岐を設ける箇所について意見交換をしながら、実際に選択肢を作成することができるように配慮した。なおCは例外的な扱いとして、用いないように指導する。

⑤　第五時

第五時の目標は次の二点となる。すなわち、まず教材のストーリー展開を踏まえて、創意工夫に満ちた分岐を作ること。そしてそれぞれの分岐から派生するストーリーを創作することである。

前時の授業で、教材「空中ブランコ乗りのキキ」の中で、ストーリーの分岐を作ることができそうな箇所をクラスレベルで考えてみた。そこで本時には、「分岐」を作ることができそうな箇所の中から次の二箇所を選択して、実際の選択肢を創作する。

第一の箇所として、「キキ」にしかできなかった三回宙返りを、金星サーカスの「ピピ」が成功させたという話を波止場の片隅にいた「おばあさん」から聞いた後に続く、「キキは黙ってぼんやりと海の方を見ました。」という文の後を考えた。原作では、四回宙返りを決意した「キキ」が「しかしまもなく振り返ってほんのちょっとほほえんでみせると、そのままゆっくり歩き始めました。」と続くことになる。

第二の箇所として考えたのは、「ピピ」が三回宙返りに成功したという話題が町に広まったとき、「でも、午後になると、その町の中央広場の真ん中に、大きな看板が現れました。」という文の後である。原作では「今夜、キキは、四回宙返りをやります。」という看板になるという場面である。

第一・第二それぞれの箇所について、教科書の原作とは異なる展開になるような選択肢を二つ作るように課題を出した。「かまいたちの夜」にならって、選択肢の記号をA、Bとし、A、Bはそれぞれ異なる展開になるように工夫する。選択肢を作成したら、今度はそれに続くストーリーを創作する。原作とは異なる展開とはいえ、原作の人物・事件・背景の基本的な要素に関わる設定は改変しないように指導した。あくまでも原作の設定を生かしたうえで、興味深いストーリー展開を楽しみながら扱うことを重視した。

⑥　第六時

第六時は前時の継続となるため、目標も前時と同一のものである。前時と同様に、教材の中で、ストーリーの分岐を作ることができそうな箇所を前時に考えた以外に二箇所選択して、実際の選択肢の創作をすることになった。本時には、教材文結末の次の二箇所について検討した。

第一の箇所は、「キキ」が四回宙返りに挑む場面、「音楽が高らかに鳴って、キキは白鳥のように飛び出してゆきました。」の後、「テントの高い所にあるブランコまで、縄ばしごをするすると登ってゆくと、お客さんにはそれが、天に昇ってゆく白い魂のように見えました。」という文が続く場面である。

第二の箇所として選択したのは、「キキ」が三回転した直後、四回転目に入る場面である。「お客さんは、はっと息を飲みました。」の後に「分岐」を入れることにした。原作では「しかしキキは、やっぱりゆるやかに、ひょうのような手足を弾ませると。次のブランコまでたっぷり余裕を残して、四つ目の宙返りをしておりました。」と続いている。

学習者はそれぞれの箇所について、原作とは異なる展開になるような選択肢を二つ作るという課題に取り組んだ。前時と同様に選択肢の記号はA、Bとし、A、Bはそれぞれ異なる展開になるように工夫することになる。選択肢が完成したら、今度はそれに続けてA、Bそれぞれのストーリーを展開させた。

⑦　**第七時**

第七時の目標は、第一に教材のストーリー展開を踏まえて、効果的な分岐を設定して、創意工夫に満ちた選択肢を作ること、そしてそれぞれの選択肢から派生するストーリーを創作するという二点を掲げた。本時はグループレベルでのストーリーの展開を楽しむために、グループ学習の形態で展開することになる。グループは、なるべく席の近い四人で一グループ(班)を編成する。一つのクラスに一三班編成できることになる。

四人のグループを編成したら、ストーリーの分岐を作成する箇所を一箇所決める。前の二回の授業で取り組んだ四箇所の中から選ぶと、その後の作業が早く進むことも告げる。分岐を作る箇所が決まったら選択肢を作成し、それに続くストーリーも作成する。ストーリーは完結させずに、さらに新たな分岐ができるように工夫する。この作業はすべて「授業レポート」に記入させて、グループ内でその「授業レポート」を回覧しながら、創作を楽しむことにする。

四人の班メンバーの中で、「授業レポート」を回す順序を決める。そしてストーリーの所を折って見えないようにして、次の人に渡すようにする。ストーリーが書かれたプリントが回ってきたら、必ず選択肢だけ読んでA、Bのどちらかに印を付ける。それからストーリーの方に目を通す。自分が選んだ方の選択肢から派生するストーリーを読んで、今度はそのストーリーに続く分岐を二箇所作ることになる。それぞれの分岐から派生するストーリーも考える。

学習はこれ以後、四人のグループでそれぞれの「授業レポート」を一巡させることになる。最後に再度自分に回ってきたら、最終的な結末を考える。このようにして、四通りのストーリーが完成したところで、グループで協議して、最も面白いストーリーを一つ選ぶ。そしてクラス内でストーリーの発表会を開く。最後にこの段階までの学習を踏まえて、自分自身の創意工夫に満ちた「新・

空中ブランコ乗りのキキ」の本を作成することが、学習の到達点となる。

⑧　第八時

第八時は前時の継続となるため、授業の目標は同一である。また前時の続きとして、グループレベルで学習を展開する。

まず「授業レポート」二枚を、本時までに終了させるという課題を確認する。仮にa〜dの四名の学習者でグループを編成したとすれば、aからb、c、dの順序でストーリーを創作する。

創作した「授業レポート」を次の学習者に回す。回ってきたら次の学習者は前と全く同様にして、A、B二つの選択肢を考える。そして、それぞれの選択肢に続くストーリーを考える。それを最後の学習者に回す。ストーリーが書かれたプリントが回ってきたら、必ず分岐として設定された箇所を参照して選択肢だけ見てA、Bのどちらかに印を付けて、それからストーリーの方に目を通すことを厳守する。最後の学習者は同様にして、分岐とストーリーを創作する。そして今度は一巡して、もとの学習者に戻ることになる。最初の学習者は自分が設定した分岐および選択肢から、様々なストーリーが生まれたプロセスを味わいつつ、「結末」を創作する。結末に至ったところで、改めて全体を読み返して鑑賞し、感想をまとめることになる。

⑨　第九時

第九時の目標は、第七時および第八時の目標に加えて、ストーリーを収束させる方向性を出すという点を掲げた。学習形態としては、本時も引き続いてグループ学習の形態で展開する。

前二時の授業内容から、学習者の作業手順に関する理解が不統一のままのグループもあったことから、ここで具体的な事例に即して説明を加える。仮にグループのメンバーを、a、b、c、dの四名としたうえで、以下のような説明をする。すべての班で共通の理解を持ったうえで、学習が展開する必要があった。なお「授業レポート」の番号は全体の通し番号となるため、ここでは便宜上①〜⑤としておく。

(1)aは「授業レポート①」に、二つの選択肢とそれぞれに続くストーリーを作って、選択肢のみbに見せる。

(2)bは「授業レポート①」(以下、番号のみ記す)のA、Bどちらかの選択肢を選んでから、それに続くストーリーを読み、さらにそのストーリーに続く選択肢とストーリーを作る。「授業レポート②」(以下、番号のみ記す)に書いて、「①」と「②」とをcに回す。

(3)cは②のA、Bどちらかの選択肢を選んでから、それに続くストーリーを読み、さらにそのストーリーに続く選択肢とストーリーを作る。「③」に書いて、「①」と「②」と「③」をdに回す。

(4)dは③のA、Bどちらかの選択肢を選んでから、それに続くストーリーを読み、さらにそのストーリーに続く選択肢とストーリーを作る。「④」に書いて、「①」と「②」と「③」と「④」とをaに回す。

(5)aは④のA、Bどちらかの選択肢を選んでから、それに続くストーリーを読み、そのストーリーに続く結末を「⑤」に書く。改めて全体のストーリーに目を通し、「⑤」に感想をまとめる。

本時には一巡して、結末に至るところまで進める。次回までに「①」から「⑤」の五枚の「授業レポート」を完成させるように指示をする。

⑩ 第一〇時

第一〇時の目標は、グループで創作したストーリーを味わうこと、そして発表(朗読)会の方法について工夫することの二点である。

前時までのグループレベルの学習を通して、四人のメンバーそれぞれが一つずつ、班で合計して四つのストーリーが創作できたことになる。本時は、それらのストーリーをグループ内で読み味わうことにする。前時の「授業レポート⑤」では、自身で結末を創作したストーリーを、それぞれ読んで感想を書いたので、本時にはその他の三人のメンバーが結末を創作したストーリーの感想をまとめ書く。すべてのストーリーを鑑賞したら、グループのベスト一を選び、その理由も明らかにする。

次回には、グループでベスト一に選ばれたストーリーの発表(朗読)会を開催する。そこで本時に、発表の方法および分担をグループ内で話し合っておく。BGM、効果音なども使用可とすることにして、工夫に満ちた朗読を心がけるように指導した。

さらに全体の総括的な課題として、「ブックメイキング——私だけの『空中ブランコ乗りのキキ』」の創作を掲げることにして、その内容に関する説明も本時に実施する。その概要は以下のようなものである。

今回の授業を通して創作したストーリーをもとに、オリジナル版「空中ブランコ乗りのキキ」をまとめる。今回グループレベルで創作したものでも、それをもとにして改めて作ったものでも可とする。一冊の「本」のように装丁を工夫する。サイズも形式も自由とする。日程としては、二月中旬に高校入試実施に際して授業を実施しない「自宅学習」期間に入るため、その期間を利用して完成させることにした。

⑪　第一一時・第一二時

第一一時および第一二時の目標は、グループ全員で協力して発表(朗読)会を成功させること、および他のグループの発表をよく聞いて、それぞれのストーリーを鑑賞し評価することである。

前時までのグループレベルの学習の成果を、二時間をかけてクラスレベルで鑑賞する。発表する側も発表を聞く側も協力して発表(朗読)会を盛り上げ、全員で楽しむことに主眼を置く。発表会は二回に分けて実施する。まず第一一時に一班から六班まで、そして第一二時に七班から一三班という分担を原則に実施することになった。

発表の際には、グループ全員で教室の前方に出る。発表の方法はすべて各グループに一任するが、グループのメンバー全員が、必ず分担するように指示した。

グループのオリジナルなストーリーに入る前に、初めに分岐を作成した箇所を教科書で確認する。それから自分たちの創作したストーリー紹介に入る。聞いている学習者は、各グループの発表を聞きながら「授業レポート」に評価をまとめる。時間が限られているため、評価の観点は次の三点のみとして、A~Cの三段階で評価させた。それぞれ簡単なコメントを記入する欄を設けておいた。

(1)「空中ブランコ乗りのキキ」原作の味わいを生かした楽しいストーリーが創作できたか。

(2)グループ全体が協力して発表に取り組んでいたか。

(3)朗読の仕方(特に声の出し方)は適切だったか。

以上のような指導過程を経て、今回の単元の学習は終了する。学習者は単元のまとめとして、ブックメイキングの形態によって、個々の学習者自身のオリジナル版「新・空中ブランコ乗りのキキ」を完成させるという課題に取り組むことになった。

4　実践の総括と今後の課題

本節は、文章表現指導の現状分析を通して実践的課題を確認し、その課題に対応するための授業の目標を設定するところから出発した。その目標設定に直接対応する自身の中学校および高等学校での授業実践を取り上げて、実践記録に基づいた指導過程を記述してみた。具体的には一九九五年度の中学校一年生を対象とした授業実践を、考察の対象としたことになる。

作文指導において重視しなければならないのは、学習者の表現意欲を喚起するということである。すべてはそこから出発する。表現するという行為は本来楽しいものであるはずなのに、学校で強制的に書かされる「作文」は苦痛以外の何ものでもない。その点を克服しない限り、文章表現指導は成立しないと考えている。興味・関心・意欲は学びの根源にあるもので、授業を通してそれらを喚起することをまず工夫しなければならない。

続いて、彼らの興味・関心を喚起できるような力のある教材を発掘することが必要である。わたくしは表現意欲を喚起するために、子どもたちの「いま、ここ」を大胆に取り込んだ教材開発をするという方向を考えている。それを「境界線上の教材」として、具体的な提案を続けてきた。その中には、サブカルチャーと称される素材が多数含まれている。本章では特にテレビゲームを取り上げたわけだが、様々な観点から一般的にはゲームは子どもにとってマイナスの要因を含むメディアとして認識されている。それを国語科の教材として位置付け、テレビゲームの中に内在する子どもたちの心を引き付ける力に注目した。ただしテレビゲーム自体を教材化するわけではない。教科書教材の理解を深め、表現と理解の関連学習を展開するための装置として位置付けている。

特に中学一年生の授業の場合、学習者を自然に国語科の学習活動へといざなう必要もある。そのためには学習課題を工夫しなければならないわけだが、ここでも「サウンドノベル」と称されるテレビゲームの「分岐」の考え方を応用することができると考えた。「分岐」を作品のどこに設定し、どのような選択肢によってストーリーを展開させるのかという課題は、学習者にとって興味ある課題ではあるが、教材の理解を抜きには成立しないものである。課題に取り組むことによって、教材本文を読み込むようになることは、まさに指導者側の配慮でもある。ストーリーに分岐が表れ、いくつかの選択肢から派生するストーリーはどのように展開するか不明であり、その意外性がゲームの魅力の一つとなっている。授業ではその魅力を生かすために、グループでそれぞれのメンバーが選択肢を作成するという方法を取ってみた。学習者の関心は良好で、ほぼ全員の学習者が集中して取り組んでいたのは事実である。

そして授業の内外で、必ず「書く」という具体的な活動の場面を設定することも重要である。「書く」活動へといざなうための学習課題を通して、実際に書く場所を設定することは、文章表現指導の基本と言えよう。文章表現力は表現するという活動によって育成される。その実際の活動の中から、さらに新たな表現意欲が生ずることもある。日常生活の中でスマートフォンの片手操作以外に実際に文字を書く機会が少ない学習者に、手書きで文字を書くという場所を設定することは、学校の重要な機能として位置付けることができる。本節で取り上げた授業の大きな特徴は、授業中に毎回かなりの分量の「書く」活動を実施させることにある。書く活動自体の面白さを発見し、学習者が主体的に書くという課題に取り組むとき、表現意欲の喚起による表現活動の実施という全体の目標は達成される。

学習者が個人で書いた作文は、グループおよびクラス単位の検証を経て、再度個人へとフィードバックしたうえで、よりふさわしい表現に向けての視野を開くことができれば、効果的な文章表現指導が実現できる。今回提案した授業では、グループ学習を積極的に取り入れて、個人、グループ、そしてクラスの各段階での学習が成立し、それらが相互に交流することによって、さらに効果を挙げることができる。この点を評価に生かせるよう、工夫を続けたい。

ここで取り上げた授業では、学習者が表現意欲を持って書くという活動に取り組む場面を重視した。そのために、創作文を書くという活動を取り入れたわけだが、創作文というジャンルは教育現場でさほど多くは扱われていない。たとえばある小説を読んで、その続編を創作するという活動の実践はあるが、評価規準の立て方の困難もあって、定着しているとは言い難い状況である。今後の課題として、作文指導における創作文の位置を見直す必要がある。生活作文や行事作文と称される活動、そして読書感想文や小論文が主流を占める学校現場だが、これからは創作文を書くという活動をもっと重点的に取り上げるべきであろう。創作の指導は、学校よりもいわゆるカルチャーセンターのような場所でよく行われている。「小説の書き方」に関する啓蒙書も数多く出版されている。その成果に学びつつ、これからは国語教育において創作文を書くという活動をより積極的に取り入れる意味があると考えている。今後の課題として、指導事項と指導法の検討ということがある。

「サウンドノベル」というジャンルはゲームの主流ではない。映像や効果音、BGMがテレビゲームの主要な要素となるわけだが、国語教育との関連からすれば、「サウンドノベル」は大切な方法を提起してくれる。わたくしは特に「分岐」を設けて選択肢によってストーリーを分化させ、それぞれのストーリー展開に従った結末が用意されるという特色に注目した。物語のプロット、もしくはコンテクストを的確に読み取り、それを生かして新たな物語を紡ぐという作業には、創造的な言語能力が求められる。それは国語科の学力、特に表現力と無縁ではない。今回紹介した授業で育成される学力の検証も、大切な今後の課題である。

今回の実践は私立学校のもので、担当者の裁量により比較的自由な授業内容が保障されるという、ある意味で恵まれた環境であった。年間を通して表現に関わる活動を扱うことができるという科目の特色なしには、今回の実践を語ることはできない。また、担当者相互の密接な情報交換も、授業内容を支える重要な要素である。一二時間という配当時間は決して短いものではなく、むしろ一つのテーマにかける時間数としてはかなり多くなっている。以上のような要素がすべて実践をサポートしてくれたと言っても過言ではない。

今回の授業は、最終的に学習者個々の記録としてのブックメイキング、すなわち「本」の作成という活動で締めくくることになった。ただし、このための授業時間はきわめて僅かなものであった。その点、当初の目標をすべて全うできたものではない。またせっかく学習者が作成した作品すなわち「本」は、展示会を開くなどしてもっと多くの場所で評価されるべきであった。担当者の時間的な限界から十分なフォローができなかった点は、今後の課題である。

グループ学習の時間には、個々のグループに対しての的確な指示が授業の成否を決めることになる。わたくしは先に言及した「研究の手引き」「授業レポート」「研究資料」と称するプリント教材によって、可能な限りきめの細かい指導を心がけてきた。今後さらに改訂を重ねて、今回のような趣旨の授業に有効に取り入れたいと考えている。

第6章

学びは面白くなくてはならない

6－1　おとなから「楽しく、力のつく」を提案

1　興味の種をどうまくか——まず教師に期待する

これまで、国語科の教材開発および授業開発というテーマをめぐって、具体的な実践を踏まえつつ論じてきた。わたくしが最も強く訴えたいのは、やはり学びは面白くなくてはならないということである。子どもたちにとって、辛くて苦しい勉強を強制されるのは決して本意ではない。彼らの多くは苦労して尊いものを得るよりは、むしろ少しずつでも楽しい体験を積み重ねたいと考えている。興味がない学びを強要されるような状況下において、本書の第1章で言及した子どもたちの『学び』からの逃走」（佐藤学）は、むしろ自然な現象と言うべきかもしれない。そこでわたくしは、子どもたちが逃走したその場所に、新たに楽しい学びを立ち上げることにこだわってきた。彼らが関心を寄せるサブカルチャーに着目し、サブカル教材を用いた国語の授業の可能性を追究してきたつもりである。

学習者にとって面白い授業を提供するために必要不可欠なものは、教師の不断の努力である。換言すれば、子どもたちの興味の種をどうまいて、それをどう育てるかについての追究を続ける必要

がある。現場の業務量の多さによる多忙を理由に、授業創りにかける情熱を後退させてはならない。教師は、新たな教材の発掘に全力で取り組むべきではあるまいか。すなわち、国語科の教師は特に視野を広くして、学習者が興味・関心のある領域をも視野に収めるようにしたい。なおかつ情報を仕入れるアンテナを精一杯高くして、教材開発および授業開発に直結するための様々な情報を収集しなければならない。こうして、常に魅力溢れる授業創りのための基盤をしっかりと築いておかなければならないというのは、当然のことである。

面白い授業を創造するための様々な工夫は、常に更新されるべきであろう。一つの方略が絶対的な効果を長く保ち続けることはない。時の流れとともに見直され、改訂される必要がある。そのためにも、様々な実践の交流が重要である。それらの実践を記述し、交流することによって、新たな方略を次々と生み出すことができればよい。そして、実践の中から帰納的に紡ぎ出された理論を大切にしたい。

わたくしの試みは、サブカル教材を補助的な副教材としてではなく、中心となる主教材・本教材として用いることであった。広く二一世紀の国語教育を考える際に、この試みは一つの可能性を提起すると信じている。わたくしは常に実践を重視してきた。本書において紹介したのは、すべてがわたくし自身の実践に裏打ちされた授業である。先行研究および先行実践を着実に取り込みつつ、実践を通して授業の可能性を追究してきた。わたくしは常に具体的な授業内容の記述を中心としてきた。そしてその授業の中に、国語教育の理論を組み込むように心がけてきた。授業を構想する際に、先行研究・先行実践を踏まえた国語教育の理論は不可欠なものだからである。

2 教師教育への展開――大学に期待する

国語教育関係の学会での研究発表内容や関連する分野の研究論文の中に、わたくしが長く取り組んできたサブカル教材に関連する内容が増えている。そして国語科教科書の全体的な傾向を見ると、「境界線上の教材」が少しずつではあるが国語科の「教材」へと推移しつつあることも実感している。担当が中学校・高等学校の中等教育から大学・大学院という高等教育に移ったことから、今後は国語科教師教育の課題も視野に収めつつ、本書で提起した研究課題に継続して向き合っていきたい。

大学で毎年多くの教師志望の学生や院生と接するが、彼らを魅力ある教材開発・授業開発に携わることができるような国語教師に育成したいという切実な思いがある。二〇一五年現在、現代日本は深刻な少子化の時代を迎えて、学習者の質的な変容も問題になりつつある。高校生の大学への進学に対する考え方も、従前とは様変わりしている。苦労をして尊いものを獲得しようという意識は後景へと退いた。大学のアドミッション・ポリシーが見直されて、筆記試験のみに依拠するのではなく、推薦入試を中心とした多様な形態の試験が実施されるようになった。教員志望の学生が自らの経験のみを頼りに学習者の実像を把握しようとするのは、いささか危険なことでもある。多様な学習者に対応することができるような、柔軟な感性を持った教師を養成しなければならない。加えて、国際化が加速する時代の中で、国語教師の在り方も大きく見直される必要がある。

わたくしは勤務する大学において一九九七年度から継続して「国語科教育法」を担当し、加えて二〇〇二年度からは国語科教員免許取得希望者が履修を義務付けられた「国語表現論」も担当している。本書において論じてきた内容を踏まえながら、担当する「国語科教育法」および「国語表現論」の授業の効果的な扱い方に焦点を絞って、教師教育のカリキュラムの中にしっかりとした位置付けを試みることにしたい。高等教育に関わる授業研究も盛んになり、大学の授業改善に向けての様々な取り組みもなされつつある。大学は研究の場であると同時に、教育の場でもある。大学教員が授業内容の充実を図るのは自明のことである。これまで主として中等教育現場における実践を扱ってきたわけだが、これからは高等教育の課題に即した研究も必要となろう。

国語科教師教育に関わる授業の内容を検討すると、国語教育の様々な課題と出会う。それらに対する研究を深めながら、同時に大学の国語教育関連科目の授業内容の充実を求めるのは、決して無理なことではない。それどころか、研究と実践の両立はむしろ当然の課題である。単に国語教育研究を「研究」として深めるだけではなく、その成果を常に「実践」へと活用するように心がけなければならない。これからますます国際化が進むことが予測される中で、どのような国語の授業が求められているのかをグローバルな視点から明らかにしつつ、理想的な授業の在り方を提案することは、大学の国語教育担当者の重要な仕事である。大学における授業研究の活性化は、国語教育研究の活性化に直結すると考えている。特に国語科教師教育の充実に向けて、これからサブカル教材に関わる研究の成果を踏まえた授業研究を推進したい。中学・高等学校の現場で扱ったことは、そのまま継続して大学の教師教育で扱うことができる。研究の成果をいかに効果的に国語科教師教育へと展開するか、それもまたこれからの重要な課題である。高等教育、特に教師教育の担当者には、ぜひこの課題への対応を検討していただきたいと思う。

3　興味の芽をどう育てるか——そして保護者にも期待する

授業とは本来、学校の教室において実施されるべきものである。教室という場所がもつ雰囲気や環境によって、学びへと向かう意志を育む学習者は必ず存在する。ただし当然のことながら、学びとは学校や教室空間の中だけで完結するものではない。子どもたちが生活する家庭を含む多くの場所で、彼らは確実に学び続けている。本項では特に子どもたちの毎日の生活と直接関わる保護者の立場にも目を向けて、保護者にも可能な学びへの支援について考えてみたい。

まず何よりも、子どものいる「いま、ここ」にしっかりと目を向けなければならない。子どものことは生まれた時から熟知しているという視点は、もちろん大切にするべきである。ただし、保護者が知らないところで子どもたちは確実に多くを学んでいる。子どもの現実をしっかりと見つめること、そこがすべての出発点となるであろう。

そのためには、子どもとの対話は必要不可欠である。家庭の中では、可能な限り直接顔を合わせて話すという場を多く設けたい。もちろん学年が進むに従って、保護者との間に距離を置きたいという意志が芽生えるのは自然なことである。時にはスマートフォンを活用して、メールでのやり取りも必要になる。様々な手段を用いて、子どもと向き合う場所は常に確保しておきたい。

子どもの現実に対しては、保護者もまた関わりを持つことが好ましい。子どもが好んで読むマンガに目を通したり、子どもが好きなテレビ番組を一緒に見たりすることで、彼らの世界との接点をある程度は持っておいた方がよい。できることなら、そのマンガやテレビ番組に基づく会話が可能になるのが理想である。

国語科の学びに関連することでは、たとえば子どもが絵本を楽しめるように、保護者が読み聞かせをするようにしたい。絵本に限らず物語を読み聞かせることは、読書への関心を育てるだけでなく、子どもの想像力を育成するのにも役立つ。さらに、本書で紹介したゲームをともに楽しむことができると効果的である。タロットカードを用いた占いなどは、家庭でも手軽に楽しむことができる。タロット占いに関わる活動には、子どもも必ず何らかの興味を寄せるはずである。そのような活動を根気よく続けることが、彼らの読解力を育むのに有効になる。

読解力の基盤には、語彙力が密接に関わっている。そこで以下に、わたくしが開発した語彙力育成のための課題を紹介したい。それは「ワードハンティング」と称する活動である。本来語句・語彙の指導は、国語科の授業時間内のみにとどまらず、あらゆる機会を活用して実践するべきものである。そこで学習課題として、身近なことばを集めるという活動を課することにしたい。ワードハンティングに関してはテレビ番組でも取り上げられ、その効果が検証されている。

続いてワードハンティングの方法について、学校の授業で取り上げる形態に即して紹介する。この課題はまず、学習者が身近なことばに目を向けるところから出発する。そして「ハンティング」という名称の通り、ことばを採取することになる。探索する場所は書籍、新聞、雑誌、パンフレットなどの文字媒体にとどまらず、テレビ、映画、CM、インターネットなどの映像を含む広い範囲を対象として、すべての学習者が関心を持って取り組めるように配慮する。初めて出会ったことばや意味がよく理解できないことばを、重点的に採取する。

採取したことばはカードに記入する。カードはB6サイズの情報カードとして、一枚に一語ずつの記入を徹底する。まず集めたことばを「見出し語」として記入する。そして語句の意味を国語辞典などによって調査し、見出し語の下に書くようにする。次の欄には「用例」ということで、採取した場所でそのことばがどのような文脈の中で用いられているのかを正確に写しておく。続けて「出典」、すなわちどこから採取したのかを詳しくまとめる。次に「採取した期日(年月日)」を記入する。最後に「問題意識メモ」として、そのことばについて感じたことや考えたことを自由にメモする欄を設ける。

作成したカードは、専用のファイルに綴じてストックする。年間を通しての学習課題とした場合には、授業時間に指導者が定期的に点検する必要がある。カードの提出状況および記入状況には、個々の学習者のことばに対する興味・関心の度合いや、課題に取り組む意欲・態度が端的に表れる。ワードハンティングの評価を、学習評価に有効につなげることができる。

このようなワードハンティングの課題に継続的に取り組むと、学習者のことばに対する興味・関心は着実に深化し、語彙を豊かにすることができる。さらに課題として位置付けるだけではなく、学習の成果を生かしながら国語の授業においてより発展的に扱う方向も工夫したい。グループを編成して、グループの中でカードを相互に交換して、他のメンバーの成果から新たなことばとの出会いを促すような配慮もほしい。なおグループ学習の際に、カードの「問題意識メモ」の欄に記録したことばに関する問題意識を交流し、話し合うこともできる。可能であれば、交流の方法として「ライン」を活用するのも一案である。

ワードハンティングは、年間の指導計画に即して様々な応用が可能である。特に言語に関する単元を扱う際には、学習の成果を有効に生かした指導が考えられる。学習者が採取した語句を、出典別にグループを編成して採取した語彙の傾向を調べると、様々な発見がある。たとえばマンガからことばを採取したグループでは、マンガにおける語彙の特徴を検討し、集まったカード全体を眺めてどのような特徴が浮上するかを話し合う。グループにおける研究の成果を整理して、グループごとに研究発表へとつなげるようにする。

ことばの世界を豊かにする語句・語彙指導を実現するために、学習者の生きる「いま、ここ」に目を向けて、ことばに対する興味・関心の喚起を目指したい。ワードハンティングはそのための一つの方略にほかならない。そしてこの課題は、保護者と子どもとで共通して取り組めるようにしたい。保護者も子どもも、ともに身近なことばに関心を有するようになり、新たなことばの世界が広がってくる。時にはお互いに集めたことばの中からクイズを出題し合って、語彙を広げるような機会があれば理想的である。それはそのまま、読解力や理解力の育成にも深く関わることになる。

本来、読解力・理解力は学校の試験問題の解答用紙の上だけで発揮されるものではない。むしろ子どもたちの日常生活においてこそ発揮されるべきである。保護者の働きかけによって、子どもが積極的に学ぶ姿勢を取り戻す起爆剤になればよい。

子どもとともに、保護者も教師も成長できること、それが最も重要である。子どもの中に芽生えた興味の芽をしっかりと育てていくことは、そのまま保護者や教師もともに成長することにつながるはずである。

6-2 教材・授業観のコペルニクス的転回

1 サブカル教材の意味は何処に

これまでサブカル教材の扱いについて、具体的な授業に即して言及してきた。ここで改めて、サブカル教材の教材としての意味を整理しておきたい。

サブカル教材の特徴の第一は、学習者の身近な場所に存在するという事実である。それは、彼らにとって親しみやすく、興味・関心を喚起できる素材にほかならない。本書において取り上げた教材は、国語科に対する興味・関心の喚起という目標を明確に掲げたものばかりであった。それは、国語学習への入口であると同時に、国語科の学習そのものでもある。授業の中で喚起された興味・関心は、そのまま学習者が生きる日常の中に生かすことができる。導入教材もしくは補助教材としての位置付けではなく、あくまでも主教材として生かすことを前提としての開発を試みてきた。サブカル教材によって喚起された興味は、国語科の学びへと向かう意志につながる。

第二に考えるべきは、ことばの教材という枠を超えて多様なメディアを国語科の教材として位置付けたことである。国語科の教材というと、まず言語を主体とした教材が連想される。特に「読むこと」の教材は、ほとんどすべてが言語による教材であった。たとえばマンガを読むという行為は、小説を読む行為とは明らかに異質なものとして把握されていた。しかしながら、マンガを「読むこと」の教材として位置付けたとき、そこで繰り広げられる活動は小説教材と何ら変わるところはない。本書では、マンガに加えて静止画としての絵画や写真、そして動画としての映像、アニメーション、さらにゲームといった多様なメディアを、国語科の教材として位置付ける試みを続けてきた。この試みを通して、国語科の教材というカテゴリーが大きく拡張されたことになる。教材としての可能性の広がりという点に、重要な意味を認めることができよう。これからの国語科の教材開発は言語による素材のみに限定せずに、教材の範囲を大きく広げて映像や音声を含めたものとして考える必要がある。ただし、国語教育という教科の枠を逸脱することなく、ことばに関わる活動を常に意識した開発が求められることもまた重要である。

そして第三に指摘できるのは、国語教育の「不易流行」を考えるに際して、常に「流行」の部分を担うという点である。教材開発には「不易」と「流行」それぞれに対する目配りが必要であるが、サブカル教材は言うまでもなく「流行」の側面に深く関わるものになる。常に学習者が生きる「いま、ここ」に焦点を絞って、時代の最先端を確かな視点で捉えることができる力量が、サブカル教材の開発には求められる。

教科書に採録されるためには、検定や採択などの制度をすべてクリアすることが求められる。したがって、教科書編集に際しては長期的な視野に立たなければならない。学習者の「いま、ここ」

を照射するために、教師は教科書のみに依拠することなく、常に自主教材を開発する努力が必要になる。そのためには時代の感触を鋭く受け止めて、子どもたちの現実としっかり向き合うという姿勢が不可欠である。「不易」に対して「流行」の価値がとかく低く位置付けられがちな風潮の中で、改めて「不易」の要素と同様の価値を有する場所に「流行」を位置付けることも、サブカル教材の意味と言えよう。

第四の意味は、学習者中心の考え方である。繰り返し述べるように、子どもたちのいる「いま、ここ」を的確に捉えたうえで、彼らの現実を尊重し、その現実に即した教材開発を常に心がける必要がある。たとえば教科書の採択には、学習者の意見が直接反映されることはない。その多くは教師の側の様々な意向から、どの教科書が採択されるかが決定される。これに対してサブカル教材に関しては、多くの教材が学習者の側から着想されたものである。この学習者中心の考え方は、サブカル教材の主要な意味として注目したい。

サブカル教材による教材開発、それはある意味ではこれまでの教材観をコペルニクス的に転回するものである。しかしながらこうしてその意味を整理すると、伝統的な教材観を踏まえつつも教材の枠組みを広げたものと考えることもできる。国語科教科書は装丁の面からも従前のイメージを逸脱して、確実に新たなステージに入りつつある。国語科におけるメディア・リテラシー教育の必要性も十分に認識されるようになった。サブカル教材は時代とともに変容する。常に学習者のいる「いま、ここ」を見詰めながら、新たな教材開発を続けなければならない。

2　授業創りの目標は何処に

教材開発は、常にその教材を扱った授業をどのように展開するかという授業開発の問題につながってくる。本書において具体的な授業実践を話題にしたのは、教材とは決してそれだけで独立したものではなく、常に授業と一体となって機能するべきものだからである。

国語教育研究の目標の一つに、「明日の国語の授業をどう創るか」という現実的な問いに答えることがある。これまで学習者の身近な場所にあるサブカル教材を取り上げつつ、常にその教材をどのように扱うのかという授業創りに関わる問題を問い続けてきた。

すでに言及したように、様々な批判を受けながらもなお、「読んで、説明して、分からせて、暗記させる」という読解授業の形態が国語科の主流を占めている。教室の構造自体が、すでに教師主導型の伝統的な授業形態を前提とした空間として成立していると言える。教科書教材も多くは読み教材である。高等学校や大学の入学試験問題は、相変わらず読解問題を中心に出題される傾向にある。

読解授業の多くは教師の講義による一斉授業となり、教室では教師から学習者への一方向的なメッセージ伝達を中心とした教師主導型の授業が展開される。教師からのメッセージをひたすら受信し続けるという受動的な対応が学習者の側にも定着して、彼らは主体的に授業に参画しようとしない。発問をいろいろと工夫して意見を求めても、彼らの姿勢は一貫して消極的なもので、授業は活性化する兆しが見られない。定期試験の結果に基づく評価は、暗記中心の学習を助長する。そこには、国語科に対する主体的な興味・関心が育まれる余地がない。わたくしが提案する授業開発の目指すところは、この「制度」のように定着した授業形態を根本的に見直すところにあった。

ここで国語教育における指導の目標をどこに置くべきかについて、本書での主張を改めて整理すると次のように考えることができる。

① 国語学習に対する学習者の興味・関心、および学習意欲を喚起する。
② 個々の学習場面を通して課題発見力・学習計画力・情報活用力などの学力を身に付け、自己学習力の伸長を図る。
③ 実の場での言語活動を通して、コミュニケーション能力を育成する。
④ 学習者の授業への主体的な参画を促進し、個性と主体性を育てる。
⑤ 教師と学習者の間でのメッセージ伝達のみでなく、個性あるクラスという集団の中に生成する「教室の文化」を生かして、教師、学習者、教材の間での双方向のメッセージのやり取りを通した学習の深化を達成する。
⑥ 自己評価・相互評価の積極的な導入を図り、国語学力の適切な評価を実現する。

これらの目標の中では、やはり①に掲げた興味・関心・意欲の喚起という点、および②の学力の育成が最も中核にある。すなわち、「楽しく、力のつく」という点である。特に「力のつく」という要素を、本書では「読解力を育む」として捉えたわけだが、この「読解力」は表現力をも含む広義で用いている。

加えて、特に③のコミュニケーション能力の育成、⑤の「教室の文化」の活用という点も、国語科の授業に積極的に導入すべき課題と言えよう。すなわち、教室には多様な個性を有する学習者の集団が存在する。そこに自ずと生成する「文化」状況を、授業において有効に活用することが求められる。教師から学習者へという一方向のメッセージ伝達ではない、学習者相互の双方向的なメッセージの交流を通して、新たな学びが実現する。これまでに紹介した授業実践は、多くが「教室の文化」を生かしたコミュニケーションを基盤としたものである。

3　サブカル教材から文学教育へ

サブカル教材についての考察を進めつつ、最後に文学教育に関わる問題へとつなげることにしたい。『文学』(岩波書店)の二〇一四年九・一〇月号では、久々に「文学を教えるということ」という国語教育に関わる特集が組まれた。『文学』で「国語教育の課題」が二号続けて特集となったのは、一九八一年の九月と一〇月のことであった。「文学と教育」の特集はさらに遡って、一九六〇年の九月号である。この特集を挟んで同年の八月号と一〇月号には、古典教育と文学教育に関わる座談会がそれぞれ掲載されていた。『文学』で久々に文学教育に関わる特集が組まれたのは、国語教育を専攻する立場としてはありがたいことであった。日本文学や国語教育に関連する雑誌が休刊もしくは廃刊の憂き目にあっているという現状には、一抹の寂しさを禁じ得ない。

この機会に、一九六〇年九月号の「文学と教育」特集に寄せられた文章に改めて目を通してみた。特に目を止めたのは、中野重治の「文学教育に望む」である。これは講演記録に加筆したものだが、さらに一九六七年七月号の巻頭に中野の「一作家として文学教育に望む」という、これまた講演記録が収録されていることにも注目したい。これらは後に、『中野重治全集第二十二巻』(筑摩書房、一九七八・一二)の「日本語実用の面」に収められた。国語教育の研究において中野重治の文学教育論が話題になることは、管見によればさほど多くはない。しかしながら、いま改めて『文学』に掲載された二編の講演記録をはじめ全集の「日本語実用の面」を参照すると、実に興味深い発言がある。「文学教育に望む」において、中野は次のように述べている。

昔からの作品のなかからすぐれた作品を選び出す能力を教育者たちが自分自身養って、それを正当に若い人たちに与えて、生徒たちとともにこれを楽しむ、読んで楽しむ、理解すればするほど楽しいという、そういうところをとおして文学教育というものがなされてほしいと私は思います。

この言説は「一作家として文学教育に望む」においても、「文学を読むことの楽しさというところに子供たちを導くように特に力を入れてほしい」と繰り返されている。「文学を教えること」と聞くと、直ちに「文学は教えられるか」のような問いから、実に多様で複雑かつ難解な文学教育論が想起される。しかし、もっと素朴に、もっと分かりやすく基本的な問題意識に立ち返れば、中野重治の言う「文学を読むことの楽しさ」を学習者とともに共有することこそが、最も重要な基盤になるのではあるまいか。

『すばる』(二〇一三・四)に収録されたよしもとばななとの対談の中で、宮本輝は柳田國男が田山花袋に語ったということばを紹介した。それは、文学というのは自分の小さな庭で丹精して育てた花を、一輪、一輪、道行く人に差し上げる仕事ではないか、というものである。これはかつて宮本の講演でも聴いた内容だが、卓抜な比喩であった。文学を教えることとは、その比喩を借りるならば、一人ひとりの学習者に作家から託された花を届けることであるような気がしてならない。

わたくし自身の体験でも、文学が好きになったきっかけは中学校のころに出会った指導者の文学教育の影響であった。恩師は学習者に多くの小説を読ませた。短編小説が中心であった。日本の近代文学、そして外国の文学も文庫本で読むようになった。作家の文章の視写も試みた。その結果、自らの関心に即して好きな作家や作品と出会うことができた。

学習者に文学との出会いを体験させること、それがまさに文学を教えることの出発点である。教室で文学を読むことの意義の一つは、他者との読みの交流が実現できることにある。教室には様々な個性を有する多くの学習者が存在する。指導者からの一方向的な垂直型授業ではなく、学習者相互、指導者と学習者、そして教材と学習者という水平型の多様な交流活動を通して、個人の読みからグループの読み、そしてクラスの読みへと広げることができる。その過程で深まった読みを、再度個人にフィードバックしつつ文学との出会いを促すことができればよい。

たとえば映画化された文学作品を取り上げて、文学と映像との共通点や相違点について考えるという方向があってもよいだろう。それは本書で扱ったサブカル教材を国語科の授業に取り入れるという方略である。映画を鑑賞して原作に興味を抱き、原作を読んでからさらに同じ作者の他の作品を読むようになった学習者も確かにいた。

『文学』の文学教育関連特集を歓迎しつつ、かつて同じ雑誌で中野重治が主張した「文学を読む楽しさ」を味わえるような教育が、改めて目指されることを期待したい。それはまさしく、サブカル教材を用いた国語科の授業で読解力を育むことに深く関連する。

おわりに

一九七四年に初めて教壇に立った時から今日に至るまで、わたくしは国語科の授業をたとえわずかでも学習者にとって面白いものにしたいと考えてきた。もちろん学力の育成を目指すのは必須であるものの、まずは彼らの興味・関心をいかに喚起するのかを優先すべき課題として受け止めてきたわけである。「楽しく、力のつく」国語科の学びを実現すること、それは自身に課せられた最も重要な課題となった。

「はじめに」で紹介した中学生の「手紙」は教師の常識をかなり逸脱したもので、わたくしにとって大きな衝撃であった。この「手紙」の内容を目にしたとき、改めて学習者の現実にしっかりと向き合う必要性を痛感せざるを得なかった。教師側の常識に即した一方的な理解で授業を展開しても、決して彼らの内部には響かないのではないか。だからこそ、佐藤学が指摘した『学び』からの逃走」という事態において子どもたちが「逃走」した場所を突き止め、そこに新たな「学び」を立ち上げてはどうかと考えた。様々な方法で実態調査を進める過程で、学習者の多くが一般的にサブカルチャーとして括られる素材に関心を持っていることが明らかになった。「サブカル教材」の構想はそこから出発したのである。

マンガ、アニメーション、音楽、映像、ゲーム、お笑い、インターネット、SNSなど、これまでに開発してきた「サブカル教材」は多様である。わたくしが二〇〇七年に早稲田大学大学院教育学研究科に提出した博士学位審査論文「サブカルチャー教材による国語科授業開発論——学習者の興味・関心喚起の方略を探る」では、「サブカル教材」に関わる教材開発と、それを用いた授業開発の実際について、詳しく論述した。本書で取り上げた内容の多くは、この論文に基づいている。博士論文の主査としてご指導いただいた浜本純逸先生と、副査としてお世話になった千葉俊二先生、堀誠先生、坂爪一幸先生には心から謝意をお伝えしたい。

本書ではこれまでの研究成果を踏まえて、新たに開発した教材・授業にも言及した。ただし、サブカル教材は時代とともに更新されつつある。わたくしたちには、常に子どもたちのいる「いま、ここ」に目を向ける努力が必要になる。たとえばゲームのような素材は次々と新たな状況が立ち現れつつあり、かつてのような「テレビゲーム」の時代から、スマートフォンのアプリによるゲームへと大きく方向が転換されている。SNSの世界などはまさに「流行」の最先端に位置することからも、本書で言及した内容は常に更新されなければならない。本書を一つのきっかけとして、これからさらに、学習者にとって魅力ある新たな「サブカル教材」が開発されることを願ってやまない。

本書のタイトル『「サブカル×国語」で読解力を育む』は、「楽しく、力のつく」国語の授業を模索してきたわたくしの考え方を集約したものである。なおこの「読解力」とは、単に「読むこと」に関わる学力だけではなく、国語科全体に関わる学力を広義に捉えた用語である。これからますます読解力を高めるための工夫が、学校でも家庭でも持続的に取り入れられることを期待したい。

本書を岩波書店から出版できるのはとても幸せなことであるが、そのきっかけとなったのは編集者からいただいた一通の手紙であった。次にその手紙の一部をそのまま引用する。


(前略)本日、お手紙申し上げましたのは、先生に雑誌『文学』へ御原稿をお寄せいただきたく、そのお願いでございます。小誌では、九・一〇月号において「文学を教えるということ」をテーマに、特集を考えております。

わたくしごとで誠に恐縮ですが、じつは、わたしが早稲田実業学校中等部時代に先生の「国語表現」を受講したときの楽しさから、ぜひ先生にとご依頼させていただきました。それまで受験科目のひとつでしかなかった「国語」が、大学生との交流作文、校歌からJポップまでの幅広い歌詞分析など、さまざまに形をかえて展開されたことを思い出します。おそらく先生は、数多くの授業実践を通して、生徒がいかに関心を持ち続けられるかに着目したことと思います。もしもご寄稿いただける場合には、そうした部分に目配りしたお原稿をお願いできれば幸いです。もちろん、先生がいま現在一番ご関心がおありのところでおまとめいただけることが、何よりと存じております。(後略)

この手紙にある「早稲田実業学校」は、わたくしの前任校のことである。中学・高等学校の現場に勤務する国語科の教師として、わたくしは日々「楽しく、力のつく」授業を求めて精一杯努力を続けていた。ここで「国語表現」として紹介されたのは、中学一年生のカリキュラムで当時わたくしが担当した科目のことであった。この手紙を手にしたとき、当時の記憶が蘇って何とも懐かしい気持ちになったものである。

この手紙から、『文学』に投稿する貴重な機会をいただいたわけだが、手紙を寄せてくれたのは岩波書店編集部の松崎一優氏である。「はじめに」で引用した中学一年生の「手紙」は松崎氏が在籍された学年のものではないが、あの「手紙」作者と同じ学校で、同じ環境で中学と高等学校時代を過ごされた氏が、かつてその学校に勤務していた教師に宛ててまさに手紙をしたためてくれたことになる。そこにはかけがえのない豊かな時間が流れ、あのころの「手紙」作者の世代は大きく成長して、実際に手紙を書く社会人となった。これは「『サブカル×国語』で読解力を育む」ことができるかどうかという素朴な問いに対する、きわめて素朴な回答であるような気がしてならない。

本書の刊行に当たっては、企画の段階から完成に至るまで、松崎一優氏にたいへんお世話になった。改めて深甚な謝意をお伝えしたい。

二〇一五年七月五日

町田守弘

町田守弘
1951年，千葉県生まれ．早稲田大学卒業．早稲田大学系属早稲田実業学校中・高等部教諭・教頭を経て，現在早稲田大学教育・総合科学学術院教授．教育学部と大学院教育学研究科の授業を担当．2004年4月から4年間，早稲田大学系属早稲田実業学校初等部校長を兼任．専攻は国語教育で，主にサブカルチャーを活用した国語科の教材開発と授業開発に関する研究を進めている．博士(教育学)．
主な著書に，『授業を創る――【挑発】する国語教育』(三省堂)，『国語教育の戦略』(東洋館出版社)，『国語科授業構想の展開』(三省堂)，『声の復権と国語教育の活性化』(明治図書)，『国語科の教材・授業開発論――魅力ある言語活動のイノベーション』(東洋館出版社)，『新聞で鍛える国語力』(朝日新聞出版)，共著に『教師教育の課題と展望――再び，大学における教師教育について』(学文社)，編著に『明日の授業をどう創るか――学習者の「いま，ここ」を見つめる国語教育』(三省堂)，『実践国語科教育法――「楽しく，力のつく」授業の創造』(学文社)などがある．

「サブカル×国語」で読解力を育む

2015年10月6日　第1刷発行
2017年6月26日　第2刷発行

著　者　町田《まちだ》守弘《もりひろ》

発行者　岡本　厚

発行所　株式会社　岩波書店
〒101-8002　東京都千代田区一ツ橋2-5-5
電話案内　03-5210-4000
http://www.iwanami.co.jp/

印刷・三陽社　カバー・半七印刷　製本・中永製本

ISBN 978-4-00-023061-2　　Printed in Japan